인구및발전연구총서 2

도시빈민의 삶과 공간

사당동 재개발지역 현장연구

조 은 · 조 옥 라

JN492951

서울대학교출판문화원

〈사진 1〉 재개발을 기다리는 사당2동. 지붕 대부분이 비 새는 것을 막기 위해 비닐로 덮여 있다.

〈사진 2〉 철거 전의 큰 거리 풍경

〈사진 3〉 방밖의 공간은 거실 겸 부엌이다. 아이를 보면서 부업을 하는 부인

〈사진 4〉 부엌과 방안의 풍경

〈사진 5〉 현관 앞 큰길 변에서 북어뜯기 내직을 하는 할머니들. 잘 가꾸어진 화초들과 작은 화분들이 보인다.

〈사진 6〉 집의 사다리를 타고 놀고 있는 어린이들

〈사진 7〉 철거이주를 알리는 동네입구에 걸린 부동산업자들의 현수막

〈사진 8〉 강제철거 후에도 마지막까지 남아 천막생활을 하는 주민들

이 책을 내면서

우리는 1986년 6월 재개발로 철거이주 직전에 놓여진 사당동의 한 지역에 대한 현장연구에 들어갔다. 그때부터 1988년 말까지 약 2년 6개월간 사당동 재개발지역 현장 가까이에 머물면서 이른바 '불량주거지 사람들'의 생활을 지켜 보았고 개발되기 직전의 지역성격과 주민들의 생활실태, 재개발 추진과정, 재개발에 따른 주민들의 이주실태 등을 참여관찰, 설문조사, 심층면담 등을 통해 관찰하였다. 이 연구결과를 연구비를 지원했던 기관에 『도시 무허가정착지의 성격과 생활실태』(1987)와 『재개발사업이 지역주민에 미친 영향』(1988)이라는 두 권의 연구 프로젝트 보고서로 제출했었다. 그리고 그 이후 2년 6개월 동안 그 10평짜리 불량주택이 1억 원이 넘는 '딱지'가 되어 팔려 나가는 것을 보았고 철거반원에 의해 가옥들이 강제철거당하는 것도 보았으며 사람의 물결을 이루던 골목이 흔적 없이 사라지고 부업거리가 쌓였던 부엌겸 창고가 소리도 없이 불도저 밑에 깔리는 것을 지켜 보았다. 또한 대규모 아파트 단지의 기초공사가 한창인 허허벌판의 흙더미 속에서 몇 집이 텐트를 치고 겨울을 나는 것도 보았으며 게딱지 같은 집들이 모여 있던 장소에 콘크리트 골조가 올라가는 것을 감회 깊게 구경하기도 했다. 그러면서 옛사당동 사람들의 집을 방문하여 그들이 이제 어떻게 살아가고 있는가를 살펴보면서 5년 전 조사를 시작하던 당시의 모습을 떠올려 보고 그 동안의 변화를 천착해 보았다. 이 단행본은 앞서의 두 연구 보고서를 재구성하고 그 이후의 자료를 보완한 것이다. 이제 사당동 재개발지역은 형체도 없이 사라졌고 그 자리는 고층 아파트의 숲이 되기 직전이다. 우리 연구자들은 연구현장이 없어졌고 프로젝트 보고서를 제출한 지도 2년이 지난 지금 이를 재구성한 단행본을 출간할 필요가 있는가에 대해 여러 차례 자문하고 토의를 거듭한 끝에 더 이상 존재하지 않는 한 불량주거지에 대한 하나의 엄정한 기록의 의미를 살려 출간에 합의하게 되었다. '사당동 재개발지역'은 더 이상 서울에 존재하지 않지만 이 지역이 표출했던 재개발의 문제와 도시빈민의 문제는 여전히 우리사회가 해결해야 할 주요한 과제로 남아 있다고 생각되었기 때문이다.

우리는 '연구자'라는 국외자의 입장에서 한 지역의 해체과정과 지역주민의 불안정한 일상생활을 '객관적'으로 기술하려고 노력하면서 이러한 연구를 통해 실질적으로 누구에게 어떤 도움을 주고 있는가, 또는 줄 수 있는가를 자문하면서 많은 고민과 혼란에 빠지곤 했다. 우리는 이 단행본이 그저 또 하나의 가난한 사람들에 대한 기록이기를 원하지 않으며 적어도 우리의 관찰과 기술이 이 지역주민과 비슷한 상황에 놓인 사람들의 삶을 개선시키는 데 도움이 되는 자료로 활용되기를 바란다. 특히 수도권 도시 재개발사업 입안자 및 실무담당자, 그리고 도시빈민 및 도시화와 도시공간에 관심 있는 연구자들에게 쓸모 있는 자료이기를 희망한다. 우리가 처음 조사에 착수했던 1986년 6월에 비하면 지금은 재개발사업과 도시빈민에 대한 관심도 많아지고 재개발에 대한 '발상의 전환'과 이에 대한 수용에 대해 보다 활발한 논의가 진행되고 있다. 그리고 영구임대주택 건설을 비롯한 몇 가지 대안도 제시되었다. 그러나 여전히 도시주택난과 빈민의 문제는 크게 해결의 실마리가 보이지 않고 있다. 우리의 연구가 재개발의 문제점들과 도시빈민의 문제를 바로 인식하고 해결하는 데 작은 실마리라도 될 수 있다면 그 동안 연구자로서 가졌던 고민을 조금이나마 덜 수 있을 것이다.

우리 필자들은 앞서의 연구보고서를 단행본으로 어떻게 재구성할 것인가를 고심했으며 자료집의 성격이 강한 앞서의 보고서를 그대로 살려 이론적 논의보다는 자료의 생생한 서술에 보다 치중하기로 했다. 단행본의 내용과 구성은 필자들의 토론을 거쳤으며 1장과 9장은 공동으로 2장부터 6장까지는 조 은 이, 7장과 8장은 조옥라가 집필했다. 이 연구는 조 은(동국대교수 사회학), 조옥라(서강대교수 인류학), 조혜란(당시 이화여대 대학원 여성학 석사과정), 홍경선(당시 동국대 대학원 사회학 석사과정)이 한 팀이 되어 진행되었으며 연구의 기획과 집필은 조 은, 조옥라가 맡았지만 조사지역에 상주했던 조혜란, 홍경선씨의 헌신적인 참여와 자료수집이 없었다면 이러한 단행본의 출간이 불가능했을 것이다. 이들은 2년 반 동안 현장에 상주했으며 그 이후에도 계속 추적조사에 참여했다. 이 책을 내면서 우리 필자들은 다시 한번 이들이 조사기간 동안 여러 어려움을 이겨낸 데 감사하며 특히 이들이 연구기간 동안 매우 힘든 두 가지의 유혹과 권고와 충동을 이겨냈음을 언급하고 싶다. 하나는 도시빈민운동에 대한 것이었고 다른 하나는 부동산 투기에 대한 것이었다. 그러나 이들은 이 두 가지 중 어느 하나의 유혹에도 지지 않았고 견실하게 조사자의 입장을 고수했다. 이는 결코 쉬운 일이 아니었다.

이 단행본이 출간되기까지 수없이 많은 사람들과 기관의 도움을 받았다. 우선 도시빈민층의 주거문제, 특히 이러한 지역의 어린이와 여성에 관심을 가지고 연구기간 동안 지속적인 지원을 아끼지 않은 국제연합아동기금(UNICEF) 한국대표부의 디아즈박사께 다시 한번 감사한다. 또한 연구초기단계에서 자문역을 해주신 한국국토개발연구원(KHRIS)의 최진호, 이태일 박사께도 감사하며 연구의 방향과 자료해석에 대한 이견에도 불구하고 많은 관심을 표한 서울시 주택개량과 담당자들께 이 자리를 빌어 사의를 표하고 싶다. 또한 설문조사와 자료정리를 도와준 차미숙, 한현옥씨와 보고서 작성시 크고 작은 도움을 준 그 외 여러분들께도 감사한다. 이 단행본의 원고정리와 교정 등의 힘든 일을 도와준 이주철, 강주현에게도 고마움을 표하고 싶다. 마지막으로 누구보다도 옛사당동 주민들, 특히 심층연구대상 가구들의 협조에 감사하며 이 연구가 그들의 삶의 조건을 개선하는 데 조금의 기여라도 할 수 있기를 바랄 뿐이다. 미흡한 대로 이 책의 출간을 독려한 서울대학교 사회과학대학 부설 인구 및 발전문제 연구소 소장 홍두승교수와 서울대출판부에 사의를 표한다.

1991년 9월

조 은·조 옥 라

차　　례

I

사당동 재개발지역에서의 현장연구

1. 연구의 배경과 목적

우리사회에서 '재개발사업'이라는 용어는 여러 계층의 사람들에게 서로 다른 상상력을 불러일으키기에 충분하다. 어떤 사람들에게는 부동산 투기를, 어떤 사람에게는 불도저와 강제철거와 생존권 투쟁을, 그리고 어떤 사람에게는 폐허 위의 신기루 같은 고층 아파트를 연상시킬 것이다. 실제로 서울의 재개발사업은 이 모든 것이 현실화되는 과정이다. 그 동안 이러한 재개발사업이 서울시의 확장과 주택난 해소를 위한 주요한 정책적 대안 중의 하나였으며 현재도 그러하다. 서울시 주택개량과 통계에 따르면 1990년 10월 현재 서울시 주택개량 재개발구역은 총 212개 지구로서 이 중 143개 지구가 완료되거나 시행중이며 이 중 75개 지구가 합동재개발방법으로 시행되어 2만 4,080

동의 건물이 정비되고 5만 4,257가구의 아파트가 건립되었다(진철훈, 1990). 우리가 조사를 시작했던 지역은 바로 합동재개발방식으로 철거정비를 기다리고 있던 지역이었으며 이제 이 지역은 19평에서 45평 정도의 평수를 갖춘 15층 이상의 고층 아파트 단지로 탈바꿈하기 직전의 상태이다. 이곳 거주민의 대부분은 다른 불량거주지와 마찬가지로 이농해 온 노동빈민들이었다. 재개발사업이 시작되기 전인 1986년 6월 당시 사당 2동은 29개 통에 총가옥수 2,154동, 세대수 4,667세대, 인구수 1만 8,818명으로 서울시에서 가장 규모가 큰 철거재개발지역의 하나였으며 신축은 물론 증·개축이 힘들고 주택은 노후화되어 붕괴위험이 도처에 도사리고 있는 곳이었다.

"서울시는 무허가정착지 정책의 실험대"(장세훈, 1987), 또는 서울시의 집단이주정책은 곧 "서울시의 도시확장사 그 자체"(정자환, 1984)라고 할 만큼 서울시는 수차례에 걸쳐, 그리고 다양한 형태로 집단이주정책을 시행했다. 특히 불량주거지 재개발은 기존주거지의 효율적 이용을 통한 주거난 해소라는 측면에서 서울시의 주요 주택정책을 구성해 왔다.[1] 불량주거지 재개발, 특히 1983년 이후 정부가 채택하고 있는 합동재개발방식에 의한 재개발은 기본적으로 기존주택의 전면철거를 그 내용으로 해왔다. 이들 지역에 살고 있는 주민들의 대다수는 별다른 생계수단 없이 농촌을 떠나 온 이농민들로서 고용이 불안정한 저소득층 또는 도시빈민층에 속하며 거주지역을 중심으로 생계의 기반을 갖고 있기 때문에 이들 주거지역을 완전히 철거하는 합동재개발방식이 지역주민에게 미친 사회·경제적 영향은 지대할 것으로 추정된다. 그 동안의 재개발사업에 대한 연구와 평가는 한국사회의 도시계획 및 도시정

1) 정자환(1984)의 조사에 의하면 서울시는 1955년 10월 중구 양동 화재민 총1,600세대 8,300명을 미아 3동 산 75번지 1만 6,000평에 집단이주시킨 이래 1983년까지 총104차례에 걸쳐 약 30년 동안에 총6만 9,844세대 32만 7,194명을 105만 평의 사유지 또는 국유지에 집단정착시킨 것으로 추계된다. 이 중에서 99건이 1972년 이전에 이루어진 것이며 이들 지역 대부분은 일단 불량주거지로서 재개발지구로 선정되어 있다고 볼 수 있다. 이는 곧 강제이주 무허가정착지들이 재개발지구가 되었고 바로 여기에 정착한 주민들이 집단이주해야 할 상황에 있음을 의미한다. 〈부록 2〉에서 보듯이 1950년대부터 1970년대 전반의 집단이주는 난민촌철거(특히 수재민, 화재민)를 위한 반면 1970년대 후반부터는 재개발을 위한 것이다. 그리고 1983년 합동재개발 이후 금호동 지역을 출발로 1990년 10월 현재 연평균 약 5,000동의 건물이 헐리고 연평균 약 1만 동의 아파트가 건립되었다.

책과 그 맥을 같이하면서 토지이용의 효율성 제고, 도시공간구조 및 생활환경의 개선이라는 측면에 주로 초점이 맞추어졌으며, 대체로 도시계획학, 도시행정학, 도시지리학자들의 관심권 안에서 수행되었다. 재개발사업의 영향을 지역주민과 연관시키는 '발상의 전환'이나 도시 재개발사업의 사회적 영향에 대한 종합적이고 포괄적인 접근의 필요성은 최근에야 제기되기 시작했다. 사실 불량주거지를 없애는 재개발사업은 도시공간의 효율적 이용이나 도시미화 또는 주택의 대량보급이라는 차원에서뿐 아니라 도시빈민의 생활조건의 악화나 도시빈민의 재생산구조에 대한 관심에서 보다 적극적으로 조명되어야 한다. 그리고 재개발사업이 지역주민의 생활상태에 미치는 영향에 대한 관심에서 더 나아가 도시빈곤층의 확대와 지속의 구조에 대한 관심으로 이어져야 함은 당연하다. 불량주거지 재개발과 도시빈민의 문제는 따로 떼어 놓을 수 없는 문제이며 도시 재개발정책은 곧 도시저소득층, 또는 빈민층에 대한 정책을 전제해야 한다. 도시주변 재개발지구 시행과정에서 보여지는 여러 가지 형태의 사회적 갈등의 표출, 즉 1970년대의 광주대단지 사건, 1985년도의 목동, 상계동 철거 등에서 보여진 주민들의 시위, 그리고 여러 재개발지역에서 생겨나는 크고 작은 사건들은 재개발사업이 도시저소득층과 맺고 있는 관계의 심각성을 보여주는 단면들이다.

이 연구는 이러한 문제의식을 가지고 서울의 한 재개발사업지역을 사례로 선정, (1) 재개발사업 전의 지역사회와 지역주민의 성격, (2) 재개발사업의 추진과정, (3) 재개발사업에 따른 지역주민들의 이주실태 및 정착유형, (4) 이주지역에서의 적응과정 등을 연구의 과제로 삼아 구체적 수준에서 불량주거지 재개발사업이, 도시빈민층이 대부분인 이들 지역주민들에게 어떠한 영향을 미치며 도시빈민의 재생산이나 도시공간의 재구조화와 어떻게 연관되는가를 밝히고자 했다. 이 연구는 도시빈민이나 재개발사업에 대한 어떤 이론적 논의보다는 재개발사업의 추진과 진행과정, 이에 따른 주민들의 이주실태와 유형, 재개발과정중에 가장 큰 문제의 하나로 고찰된 부동산 투기의 실태와 의미, 자조 체계의 해체와 지역조직의 변화, 그리고 이주지에서의 사회관계망 및 재개발의 차등적 영향을 생생하고 구체적으로 기술하고자 했다. 이를 통해 도시빈민이 재개발사업 및 도시공간의 재구조화와 맺고 있는 관계에 대한 구조적 맥락과 본질에 접근하고자 했다.

도시빈민과 도시빈민의 집단거주지인 일명 도시 무허가정착지라고 불리는 불량주거지에 대한 사회학 및 인류학의 연구들은 주로 이들 정착지 주민의 성격, 생계기반으로서의 기능, 생활양식 등에 관심을 보여 왔다. 1960년대와 1970년대는 이들 정착지 주민의 대다수가 이농민이라는 점 때문에 『도시의 촌사람』(Gans, 1962), 『농민의 도시』(Roberts, 1979), 또는 『도시내 농민』(Mangin, 1970) 등의 저서명에서 보여지듯이 이들의 농촌적 생활양식과 도시에서의 적응에 관심을 보여 왔다. 이와 함께 이들의 생활양식 및 빈곤의 지속에 관심을 보여 이른바 '빈곤 문화론'을 둘러싼 논쟁을 촉발시켰다(Lewis, 1951, 1961, 1967; Valentine, 1969; Leacock, 1971 등등). 또한 남미를 비롯하여 급속한 도시화를 경험한 제3세계에서도 이른바 '판자촌'(squatters)에 대한 연구들이 쏟아졌으며 이들의 정치형태나 고용구조에 대한 관심이 높아졌다(예를 들면 Breese, 1966; Bromley, 1979; Bromly and Gerry, 1979; Lloyd, 1979; Perlman, 1976; Roberts, 1973; Safa, 1974 등등). 이러한 연구들은 한국사회의 도시빈민이나 무허가정착지 연구들에 원용되어 무허가정착지 주민들의 생활양식 및 주변성, 또는 생활실태 및 고용구조를 밝히는 사회학 및 인류학 논문들이 나오기 시작했다. 생활양식 및 주변성에 초점을 맞춘 연구들은 한국의 도시빈민을 빈곤문화를 갖지 않은 건전한 빈민으로 범주화하기도 했으며(박수영 외, 1989; 임희섭, 1981), 생활실태와 고용구조에 초점을 맞춘 논문들은 이들의 빈곤이 고용구조상의 불리한 위치와 관련되어 있음을 강조했다(정자환, 1982, 1984; 허석렬, 1983; 박계영, 1983; 김은실, 1984; 황익주, 1986).[2)] 즉 이러한 지역에 살고 있는 주민들의 고용구조에 대한 분석을 통해 이들이 처한 도시경제내의 불리한 연계고리상의 위치를 밝혀냄으로써 도시빈민이 재생산되는 기제를 밝히고자 했다. 이러한 관심들은 도시 비공식부문과 도시빈민에 대한 제3세계적 관점과 연결되면서 도시빈민의 계급적 성격에 대한 논쟁으로 확대되기도 했다(고민석, 1987; 백욱인, 1987).

---

2) 정자환(1982), 허석렬(1983)의 연구는 본연구 조사지와 같은 사당 2동이며 그 외에 김록호(1985)의 연구도 같은 조사지로서 흥미롭게도 이 지역은 단일지역으로는 가장 많은 사회과학자들의 연구지인 셈이다.

그러나 1980년대에 들어와 도시빈민이 빈곤화되는 것은 불안정한 고용이나 낮은 소득 때문만이 아니며 도시공간 소유의 구조화와 무관하지 않다는 점이 서구 도시연구가들에게서 조심스럽게 제기되기 시작했다. 도시공간의 구조화와 도시의 노동빈민과의 관계에 대한 이론적, 현실적 관심은 일찍이 마르크스와 엥겔스에서부터 제기되었으며(Marx, 1967; Engels, 1970) 이러한 전통을 이어받은 일단의 도시지리학자 및 도시사회학자들은 1970년대에 들어서면서 도시를 '노동력재생산의 공간적 단위'로 그리고 더 나아가 노동력착취의 새로운 단위로 주목하기 시작했다(Castells, 1976; 1977; 1978; Harloe & Lebas, 1981). 그리고 공간이 단지 환경이라는 무대를 제공하는 것이 아니라 바로 거기 사는 사람들의 '사회적 관계의 표현'이라는 사실에 주목하기 시작하면서 그 이전의 도시사회학과는 다른 '새로운 도시사회학'의 패러다임을 제공하였다(Urry, 1981:457; Castells, 1978:181; Sayer, 1979 : 66).[3] 즉 이는 도시를 사회와 공간이 합류하는 사회적 공간, 그리고 집합적 소비단위로 규정하고 나옴으로써 '도시'의 재개념화의 문제를 제기했다.[4] 또한 도시사회관계는 제계급간의 관계가 도시공간을 둘러싸고 현상화한 것이라는 입장 등이 제시되었다(Harvey, 1985; Lamarche, 1976). 이러한 입장에서는 도시개발/재개발은 자본축적의 논리가 관철되는 장이며 도시개발/재개발이란 토지사용을 둘러싼 계급갈등으로 이해된다(Angotti, 1987. Parson, 1982 : Lipietz, 1985). 1980년대에 들어와 이러한 이론적 관점들이 한국학계에 활발하게 소개되기 시작했고 이러한 이론들을 서울시 재개발에 대한 실증적 분

3) 이러한 도시의 재개념화는 도시사회운동, 도시정치의 지평을 확대하고 도시연구와 도시문제 접근에 새로운 시각을 부여하게 되었으며 특히 노동력재생산의 위기관리와 관련하여 국가의 '집합적 소비수단'의 장악이나 개입의 정도가 도시사회운동 및 도시정치의 뜨거운 쟁점으로 부상하게 되었다. 물론 이러한 문제제기는 주택문제의 사회화 socialization 또는 탈상품화 decommodification를 어느 정도 진전시켰으며 사유화 privatization와 재상품화 recommodification의 문제가 주요한 쟁점으로 제기된 서구자본주의 사회의 도시문제를 배경으로 하고 있다.

4) 집합적 소비수단이라는 개념은 Manuel Castells이 1960년대 후반부터 사용하기 시작하여 The Urban Question(1977)이라는 저서에서 "문제의 규모나 성격상 집합적(또는 집단적)으로 조직관리 될 수밖에 없는 제소비 과정"으로서 주택문제는 집합적 소비의 대표적 예로 간주된다. Pahl(1978)을 위시한 도시사회학자들이 이러한 까스텔의 '집합적' 소비개념이 불명료하다는 비판을 제기하고 있다.

석에 도입한 연구들이 나오기 시작했다(장세훈, 1987, 1989; 윤일성, 1987; 한상진, 1988; 홍경선, 1989). 이러한 몇몇 도시사회학 연구들은 재개발사업이 도시빈민을 공간적으로 재생산하는 기제일 수 있음을 이론적으로 밝히고자 하는 노력의 일환으로 해석할 수 있다.

한국사회에서 도시공간의 소유와 구조화의 문제는 여러 영역에서 초미의 관심사가 되고 있다. 재개발지의 강제철거나 세입자들의 항의, 무주택자의 설움 등으로 표출되었던 '공간의 문제'는 '토지소유 집중도', '토지공개념 도입', '200평 이상 토지소유 상한제', '재벌기업의 보유토지 실태 및 매각 종용', '영구임대주택 200만호 건설', '주택안정의 해 선포' 등으로 이어지면서 '공간'의 '사회성'과 '정치성'이 새롭게 부각된 셈이다. 학계에서도 공간의 자본주의적 구조화, 자본축적의 수단으로서 토지, 공간을 매개로 한 국가, 자본, 노동과의 관계 등에 관심을 갖기 시작했다(윤일성, 1989; 최병두, 1991). 최근 밝혀진 토지의 재벌 집중에 대한 자료 및 토지소유에 대한 자료 및 분석은 우리사회의 불평등이 토지소유와 깊이 연관되어 있음을 보여주었다(토지공개념 연구위원회, 1989; 김태동 외, 1990). 재개발사업 등에 대한 새로운 도시사회학적 연구들 또한 공간이 계급관계의 표현이라는 사실을 인식하는 계기를 제공했으며 공간의 소유와 구조화를 둘러싼 제세력간의 역학관계에도 관심을 보이기 시작했다. 도시빈민의 문제는 생산-교환-분배-소비의 총체적 관련 속에서 이해되어야 하며 이들의 생산활동뿐 아니라 주거생활-상태를 나타내는 도시공간구조와 함께 분석될 필요가 있다는 점이 강조되기 시작했다(최병두, 1991). 재개발지역의 해체와 지역주민의 생활실태 및 이주과정 등은 이러한 분석의 좋은 사례가 될 수 있다. 그러나 그 동안 한국사회에서 재개발과 도시빈민의 생활 체계를 도시빈민에 연관시킨 연구들은 드문편이며 관심 있는 현장활동가의 보고서가 몇 편 있을 뿐이다(예 : 김영철, 1985; 정동익, 1985). 사실 도시 재개발의 문제는 도시빈민의 노동력재생산의 위기구조를 주택문제와 연관시켜 구체적으로 표출시키고 있고 이러한 문제에 국가가 어떻게 개입하며 주민들의 일상생활은 이러한 공간의 구조화/재구조화에 의해 어떻게 규정되고 있는가를 보여주는 단적인 예이다. 이 연구는 이러한 문제의식을 가지고 사당동이라는 서울의 한 재개발지역을 사례로 도시빈민의 삶과 도시공간의 문제를 심층적인 면접과 참여관찰 등을 통해 탐색하고자 했다. 여기서 가장 중점을 둔 것은 자본과 국가와 노동이 재개발이라는 구체적 상황에서 어떤 모습으로 어떻게 만나며 도시공간은 도시빈민의 일상생활을 어떻게 규정하고 있는가에 대한 충실한 기술과 사실적인 서술이다.

2. 연구방법

(1) 자료수집

이 연구의 자료는 1986년 6월부터 1991년 9월까지 약 5년간에 걸쳐 수집되었다. 첫 2년 6개월은 조사원이 현장에 상주하면서 재개발사업 직전의 지역주민들을 대상으로 참여관찰, 심층면담, 설문조사 등을 통해 자료를 수집했으며 또한 지역유지, 동사무소 자료 등을 통해 보완했었다. 그 이후의 자료는 부정기적인 방문을 통한 참여관찰 및 면담에 의거했다. 현장 조사원 2명은 1986년 6월, 약 한 달 동안의 예비조사기간에 심층면접방식, 지역사회에 대한 자료수집 방식 등에 대한 훈련과 교육을 받은 다음 7월부터 조사지역에 상주하기 시작했으며 이들은 방을 얻음으로써 이 지역주민의 이웃으로서 교두보를 확보했다. 조사원은 지역사회의 포괄적 이해를 위해 남녀 각 1명씩을 선정했으며 이들은 조사지역내에 일정거리를 두고 거처를 정하였고 자료는 각자 독자적으로 수집하였다.

남자 조사원은 자진철거가 시작되어 지역주민의 대규모 이주가 시작된 1987년 3월까지 상주했으며 여자 조사원은 90% 이상의 주민이 이주한 1988년 8월까지 이 지역에 상주하였다. 첫 8개월은 2명의 조사원이 2~3일에 한번씩 만나 조사과정을 점검하고 지역사회에 대한 정보를 교환했으며 필자들은 일주일에 1회 이상 이곳을 방문, 조사자들의 기록을 점검하고 매주 세미나를 통해 연구 및 자료수집 방향을 조정했다. 자료는 이 지역주민들과의 대화, 관찰, 인터뷰 등을 통하여 수집했으며, 이 지역사회에 대한 주요 자료제공자가 될 수 있는 가구와 심층연구대상 가구들과 긴밀한 관계를 유지하면서 수집되었다. 심층면접대상 가구는 기존의 불량주거지 지역주민의 보편적 속성을 잘 대변해 주면서 이 연구의 주제라 할 재개발이 지역주민에게 미치는 영향을 보다 뚜렷이 보여줄 수 있는 기준에 따라 선정하였다. 따라서 이 지역에 1년 이상 거주한 가구 가운데서 다양한 계층적 기반을 반영해 줄 수 있는 가구를 포함하도록 배려하였다. 즉 재개발이 이 지역내의 계층집단에 따라 다르게 나타날 수 있다는 전제하에 가구주의 거주기간, 직업, 연령, 및 가옥소유 여부, 가구구성의 특성, 자산 및 수입 등에서 비교적 다양한 계층집단이 포함되도록 의도적으로 선정하였다.

선정된 가구에 관한 관찰은 지역사회 일반과의 관계 속에서 진행되었다. 관찰의 영역은 비교적 관찰이 용이한 경제활동 및 가옥의 실태에서부터 시작하여 각 가구 구성원들이 맺는 사회관계의 연결망까지 범위를 확대하였다. 이 과정에서 면접의 방식은 표면적으로 일어나는 사건을 보면서 일반적인 질문을 던지는 데에서 시작하여 조사자와의 친밀감이 높아짐에 따라 더 개인적인 사건이나 상황에 대해 자료를 얻는 방향으로 진행했다. 전반적으로 질문보다는 관찰에 중점을 두었으며 특히 초기에는 그러하였다. 그리고 가능한 한 사람들이 많이 드나드는 집이나 가게 등을 자주 방문하여, 함께 놀기도 하고, 일을 도와주면서 관찰하고, 질문은 관찰하는 동안에 의심나거나 자세한 설명이 필요한 경우에만 한정짓도록 했다. 그 동안 조사원들과 친해진 가구들이 많아져 어떤 경우에는 이들을 통해 심층연구대상 가구들에 대한 자세한 자료를 얻거나 이미 얻은 자료에 대한 재확인을 할 수 있었다. 이러한 과정은 일기형식의 현장관찰노트와 카드정리를 통해 기록했다. 어느 정도 지역주민들과 친숙해졌다고 간주된 이후부터는 사진, 인터뷰 등을 통해 기록을 보완했으며 가계부기록 등을 일부 가구에 부탁했다. 이러한 과정은 1986년 9월부터 12월까지 계속되었으며 12월말경에 그때까지의 자료들을 재점검한 후 각 심층연구대상 가구의 남성 가구주나 부인들과 생활사 면접을 수시간에 걸쳐 채록했다. 이 시기는 재개발 이전의 이 지역사회와 지역주민의 특성을 파악하는 데 연구의 관심이 집중된 시기였다. 특히 재개발이 시작되기 전에 명확하게 밝혀져야 할 이들의 고용관계, 사회관계, 그리고 지역주민의 생활양식과 생활조건 등을 세밀하게 관찰했다. 고용에서의 십장과 일꾼, 하청업자와 가내 부업자, 남성과 여성들의 친목계의 내용들을 도표로 그려가며 각 구성원들의 관계와 그 지속성 및 교류내용들을 확인했으며 가능한 한 지역주민의 생활양식 및 사고방식에 밀착하여 자료에 관한 연구자의 주관을 최소화하려고 노력하였다(자세한 방법론은 부록 1참조).

1987년 1월과 2월에는 이미 얻어진 자료의 보완과 함께 3월부터 시작된 자진철거에 따른 주민의 이동상황을 점검하고 재개발추진위원회 및 세입자대책위원회 등 주민조직의 구조를 관찰하였다. 그리고 이때 상주하던 2명의 조사원 중 1명은 방문관찰로 바꾸었다. 다른 1명은 90% 이상의 주민이 이주한 1988년 8월까지 이 지역에 상주하였다. 조사중반인 1987년 3월부터는 이주한 심층연구대상 가구를 추적하고 재개발사업 진행과정을 관찰하는 데 역점을 두었다. 이때 지역주민의 전반적인 이주유형을 포착하기 위하여 동사무소에서 주민들의 전출상황을 점검하고 1987년 7월과 8월, 두 달에 걸쳐 지난 6개월간에 이주한 가구 중 50가구를 무작위 표본 추출하여 방문면담을 실시하였다. 다시 1988년 2월에는 그 이후 이주한 가구 중 50가구를 추출하여 방문면담을 실시했다. 그리고 2월말 그때까지 이주하지 않고 남아 있는 가구 중 100가구를 무작위로 추출하여 면접조사를 실시하였다. 또한 주민들의 회의자료나 소식지, 동사무소 자료, 서울시 자료 등을 보충하였다.

1988년 12월까지는 지역에 남아 있던 탁아소 중심으로 자료를 보완하였고 그 이후로는 대규모 강제철거와 같은 큰 사건이 터졌을 때 지역과 사례 가구들을 방문하여 자료를 보완하였다. 지역방문은 1989년 10월 소송에 걸린 2~3집을 빼고 모두 철거한 뒤까지 계속하였다. 1990년 초 이후는 이주한 사례가구들을 몇 차례 방문하여 이주 후의 생활에 대한 자료를 보완하였으며 1991년 9월까지 방문면담을 하였다.

(2) 심층연구대상 가구 선정

심층연구대상 가구를 선정하기 위해 지역의 일반적인 현황을 파악하는 데 처음 2개월을 소요했으며 이러한 현황파악 및 기존의 무허가정착지 연구와 비교하여 각 조사원당 심층연구대상 가구를 각각 11가구씩 22가구를 선정했다.

심층연구대상 가구의 가구구성, 경제활동, 생활실태 등을 요약하면 1986년 12월 현재 가구주의 연령은 20대 2가구, 30대 7가구, 40대 6가구, 50대 5가구, 60대 2가구이다. 이 중에서 여성 가구주 가구는 4가구이다. 이들 중 3가구가 2종 생활보호대상 가구이며 1가구가 의료부조혜택 가구였다.

가구주 직업으로는 일용건설노동자가 7명, 그외 잡역노동자 1명, 행상 2명, 우유배달 1명, 청소부 2명, 파출부 1명, 가내하청업 1명, 무직 1명, 가게주인 2명, 운전기사 1명, 회사원 1명, 재단사 1명, 경비 1명 등이다. 이 중에서 무직, 경비 등도 한때 일용건설노동자였다. 그리고 파출부 1명, 우유배달 1명, 행상 1명, 가내하청업 1명 등이 여성 가구주이다. 여성 가구주를 제외한 가구주 부인의 직업은 파출부 1명, 청소부 1명, 도배 1명, 가내부업 5명, 가족종사자 3명, 행상 3명, 미용사 1명, 과자중개업 1명이다.

주거상태는 자가 6가구, 전세 8가구, 월세 8가구이며 방을 2칸 쓰는 가구가 7가구이며 나머지는 모두 1칸을 쓰고 있다. 가족구성은 단신가구가 1가구, 핵가족 가구가 16가구이고, 나머지는 3세대 복합가족으로 되어 있다. 가족수는 1인 가족 1가구, 3인 가족 1가구, 4인 가족 11가구, 5인 가족 6가구, 나머지는 6인 이상 가구이다. 가구주의 교육정도는 남성 가구주의 경우 무학 1명, 국퇴 3명, 국졸 3명, 중퇴 1명, 중졸 4명, 고퇴 2명, 고졸 2명, 대졸 1명 등이다. 자녀수는 1명 1가구, 2명 9가구, 3명 5가구, 4명 3가구, 5명 3가구이다.

(3) 조사지역의 선정과정

연구목적에 부합된 조사지역을 선정하기 위한 기준을 크게 두 가지로 설정하였다. 첫째는 전형적인 불량주거지역의 특성을 가지고 있으며 재개발지역으로 지정된 지역이어야 한다는 점이다. 1965년 철거정책으로 시내 중심지로부터 집단이주한 봉천동, 상계동, 사당동, 난곡동, 상도동 등지의 전형적인 불량주거지가 선정대상으로 부각되었다.

둘째로 본연구의 연구방법과 관련하여 6개월 정도 후에 철거예정이며, 지역주민이 집단으로 이주하는 합동재개발방식을 채택하는 재개발구역이라는 기준이 요구된다. 왜냐하면 본연구의 조사방법이 6개월간에 걸친 조사원들의 참여관찰을 통해 지역사회의 성격, 지역주민의 사회 경제적 배경과 생활양식 등을 파악하고, 소수 심층연구대상 가구를 선정하여 재개발시행 및 그 이후 이들의 이주 및 생활실태 등을 파악하는 데 중점을 두기 때문이다.

이와 같은 기준을 근거로 무허가정착지가 밀집한 동작구, 관악구 등의 몇 개 구청의 주택과 재개발담당자, 각 지역의 부동산과 재개발추진위원회 사무실을 방문하여 면담을 통해 각 지역의 재개발 추진과정을 검토하였다. 몇 지역들을 조사해 본 결과 이미 공사가 시행중이거나 곧 시행될 지역(흑석 1-1구역, 흑석 1-2구역, 봉천 1구역, 봉천 6구역), 주민들의 의사가 분분하고 서울시와 협조가 잘 이루어지지 않아 1년 이후에나 사업이 가능한 지역(봉천 2구역, 봉천 3구역, 신림 1구역, 신림 3구역), 투자가치가 적기 때문에 참여조합으로 나설 건설회사가 없어 합동재개발방식이 불가능한 지역(신림 2구역), 자력개발을 하는 지역(흑석 2지구) 등이 대부분으로 조사지역으로는 부적합했다. 사당 4구역은 1985년 12월 서울시로부터 사업계획 결정고시 및 건축심의안이 통과되어 1986년 11월에 철거할 예정이었고 지역주민 및 부동산업자들의 의견을 참조한 결과 재개발진행이 비교적 순조로울 것으로 예상되어 연구조사지로 선정했다.

3. 조사지역 및 주민의 일반적 특성

조사지역은 반포에서 과천방향으로 들어서서 일명 이수단지로 불려지는 대로변의 안쪽에 위치해 있으며 이 지역거주민이 아니면 이 대로변의 빌딩 숲 뒤에 이렇게 거대한 불량거주지가 있다는 것을 알기 힘들다. 행정구역상으로는 사당 2동의 9개통에 걸쳐 있으며 지하철 4호선의 이수역과 인접한 N시장 쪽의 산등성이에 위치해 있다. 사당 4구역 2공구 재개발지역인 이 지역은 N 시장입구 왼쪽으로 난 사유지의 길로 들어가 약 300m에 이르기까지의 일부 사유지를 포함하며 총면적 4만 5,783m^2 중에서 시유지가 4만 2,909m^{2}를 점한다. 가옥수는 시유지에 세워진 527가호 및 사유지의 30가호 등을 합쳐 557가호이다. 이 중 20가호는 건물이 없고 필지만 있다. 지하철 이수역에서 조

〈그림 1〉

① 빙그레 집 ② 복덕방 ③ 만화가게 ④ 전파사 ⑤ 철물점 ⑥ 동양체인 ⑦ 분식점
⑧ 구멍가게 ⑨ 하청양복점 ⑩ 양복점 ⑪ 여인숙 ⑫ 구멍가게 ⑬ 제일교회 ⑭ 하청미싱
⑮ 목공예가내공업 ⑯ 구멍가게 ⑰ 양복점 ⑱ 문방구 ⑲ 쌀가게 ⑳ 복덕방 ㉑ 구멍가게
㉒ 이발소 ㉓ 미용실 ㉔ 미용실 ㉕ 전파사 ㉖ 철물점 ㉗ 양말하청 ㉘ 구멍가게
㉙ 막걸리배달 ㉚ 구멍가게 ㉛ 쌀가게 ㉜ 세탁소 ㉝ 공중변소 ㉞ 석유배달 ㉟ 복덕방(양복점)
㊱ 과자도매 ㊲ 미용실 ㊳ 공중변소 ㊴ 가죽하청 ㊵ 쌀가게 ㊶ 약 국 ㊷ 제화점
㊸ 구멍가게 ㊹ 문방구 ㊺ 하청미싱 ㊻ 스웨터하청 ㊼ 점보는집 ㊽ 스웨터하청

사지역까지는 노점상이 빽빽이 들어서 있고 양 옆으로는 큰 시장이 형성되어 있다. 시장이 끝나면서 동네가 시작되는데 동네의 가장 넓은 길인 소방도로 주변에는 교회와 약국, 그리고 복덕방, 구멍가게, 미용실, 양복점, 문방구, 쌀가게, 세탁소, 전파소와 각종 가내 부업하청집 등이 빽빽하게 들어서 있다.

지역주민들의 직업을 보면 남성 가구주의 직업은 일용건설노동이 40.0%로 가장 높고 다음은 영세자영업이 18.1%, 판매직이 10.0%, 무직 8.8%, 생산직노동자 5.6%순이다. 그 외 노점행상이 5.0%, 서비스직 3.8%, 관리기술직 3.1%, 단순사무직 2.5% 등이다. 가구주 부인의 직업은 51.1%가 무직이며 파출부 7.0%, 영세판매직 7.6%, 부업 7.1% 등이다. 여성 가구주는 전체의 17.0%이다. 현지관찰에 따르면 이 지역에서 거의 대부분의 여성이 일을 하고 있다. 다만 고용상태가 불안정하여 무직률이 높게 나타날 뿐이다. 즉 52.1%의 무직은 이 지역 여성의 절반 정도가 일을 안한다고 보기보다는 절반씩 교대로 실직인 상태라고 해석하는 것이 타당하다. 남성 가구주 혼자 생계를 꾸리는 경우는 29.2%에 불과하며 부부가 함께 버는 경우가 36.4%, 자녀까지 버는 경우가 5.0%이다. 남성이나 여성 가구주 혼자 버는 경우가 8.1%, 자녀들만 버는 경우가 7.0%, 그리고 나머지는 돈을 버는 사람이 없는 경우들이다. 그러나 이렇게 경제활동 가구원이 많은 데 비해 가구당 월평균 수입은 38만 7,000원으로 1988년 전국 근로자 월평균 소득 65만 7,215원에 크게 미치지 못하며 도시가구 월 최저생계비에 미치지 못하는 가구들이 60% 이상을 점했다. 월평균 생활비는 34만 7,000원으로서 평균적으로 수입의 범위에서 생활하고 있다. 생활비 내역을 보면 이 중 음식물에 34%, 연료, 전기, 수도 등에 16%, 교육비 10%, 교통비 5%, 이자 5%, 의료비에 4%, 그리고 저축에 18.2%를 쓰고 있다. 전체적으로 보면 주거비 비율은 높지 않은데 이는 자가소유자 및 전세자들의 경우 월 주거비를 생활비에서 내지 않기 때문이며 월세자는 수입의 17%를 주거비로 쓰고 있다. 그 외 옷값이나 오락비에는 거의 돈을 쓰지 않고 있다. 이들의 저축 이유는 주택장만 및 이주대비가 35.9%로 가장 높고, 다음이 교육비 28.2%, 모자라는 생활비와 실직대비가 15.4%로 나타났다. 한편 노후대비가 12.8로 자녀들의 결혼준비 7.7%

보다 높다. 이들의 가구구성과 경제활동 및 수입, 지출 등의 지표는 다른 도시빈민 가구나 노동자가족들에 대한 연구들의 결과와 크게 다르지 않다. 여성들의 높은 경제활동, 다취업가구, 여러 가지 수입활동 등 수입극대화 전략이 그대로 나타나며, 생활비를 줄이고 오락이나 여가활동에 돈을 쓰지 않으며 불편한 주거생활을 감내하는 지출극소화 전략을 그대로 쓰고 있다. 출혈적인 높은 저축률 또한 다른 도시빈민지역이나 노동자계급 가족들의 생계유지방식과 다르지 않다. 한편 교육정도는 세대주의 65~70%가 국졸 이하로서 50대 이상은 국졸과 무학이 주류를 이루며, 세대주의 연령은 30대가 가장 많고 40대, 50대의 순이다. 주택소유율은 재개발이 추진되기 전인 1982년에는 자가소유자가 44.6% 나머지 55.4%가 전세와 월세 등의 세입자였으나 재개발사업의 영향으로 외부인의 주택 매입이 늘어난 1986년에는 세입자가 73%로 늘어났다. 이 지역거주자들의 평균 거주 연수는 1986년 현재 11.1년으로 비교적 장기 거주가가 많은 편이며 지역 형성기인 1965~1967년에 전입한 가구는 12.7%, 10년 이전에 전입한 가구가 59.9%이다. 재개발이 추진되기 시작한 1984년 중반 이후 이주한 가구는 15.2%이었다. 주택사정을 살펴보면 가옥의 85% 정도가 대지 10평에 건평 6~7평이며 방 2~3개 짜리 흙집으로, 겉에는 시멘트가 발라져 있었다. 한 가옥당 평균 거주세대수는 1986년에는 2.0가구이며, 세입자가 많이 남은 1987년에는 3.0가구로 나타났다. 한 가구당 방 하나를 쓰는 경우가 70~80%이다. 방의 크기는 가로와 세로가 2.5m 내외로서 보통 1.5~2평이며 한 가구당 평균 가족수는 4.3명, 사용하는 방수는 1.6개, 사용하는 방의 면적은 2.9평으로 매우 열악한 주거상태였다. 인구밀도는 1km^{2}당 9만 7,685명으로 서울시 평균 1만 4,219명에 비해 약 8배 정도 높은 인구과밀지역이었고 1970년대에 이농해 온 사람들이 주민의 60% 정도를 점하며, 세대주의 출신지역을 보면 서울 출신은 20% 이내이고 전라도 출신이 50% 정도로 가장 많다. 다음으로 충청, 경기, 경상도 순이며 이는 다른 불량거주지 또는 무허가정착지 주민의 특성과 크게 다르지 않다.[5)]

5) 위 자료는 본연구팀이 1988년 2월 무작위 표본 추출한 193가구에 대한 설문조사에 근거하였다.

II

지역형성과 해체

1. 지역개황

이 지역의 형성과 해체는 곧 서울시의 도시계획 및 불량주거지 철거정책에 의해 규정되어 왔다고 해도 과언이 아니다. 지역형성의 출발이 그러했고 해체 또한 마찬가지이다. 이 지역의 형성배경에는 1960년대와 1970년대의 이농인구와 가난한 도시노동자들이 있으며 1980년대 서울시의 팽창에 따라 반포와 과천이 커지면서 이 지역도 성장하고 또 해체를 맞는다.

이 지역이 주거지로 형성된 것은 서울시가 1965년 충무로, 명동을 비롯한 시내 몇 군데 불량주거지의 철거민을 여기에 이주시키면서부터이다. 이 지역은 원래 경기도 시흥군 신동면 사당리였으며, 1963년 11월 서울시의 확장과정에서 서울시 영등포구로 편입되었고 1960년대초까지 울창한 숲이었다. 그런 상태에서 1965년 10월 중구, 충무로 철거민이 정착을 하게 되었다. 충무로 철거민에 뒤이어 중구 양동 철거민과 영등포구 대방동 철거민이 이곳의 산12, 14, 15, 17 및 20번지에 이주했다. 서울시는 처음에 상기 철거지역으로부터 약 4,000명을 트럭으로 실어 이곳에 정착시켰으며 그때부터 대단위 무허가 정착지의 면모를 띠기 시작했다.

1965년 처음 철거정착민으로 조사 당시 이곳에 살고 있던 한 할머니의 증언은 이 지역사회가 어떻게 시작되었는가를 생생하게 보여준다.

> "나는 오랫동안 남대문시장에서 노점장사를 했지. 부산에서 올라 온 지 3년만에 장사해서 마련한 방 3칸 '하꼬방'에 시어머니와 아들, 딸을 데리고 살았는데 1965년 10월경 양동에서 철거를 당해 몇 안되는 살림과 가족들을 데리고 그들이 시키는 대로 트럭 뒤에 탔어. 한강다리를 좀 지나서 내려준 곳이 바로 이 장소야. 차에서 내리고 보니 골짜기에 나무가 울창해서 어디 자리잡고 살 곳이 있어야지. 한동안 우왕 좌왕하다가 타고 온 트럭을 다시 올라탔어. 우리가 살던 양동으로 가기 위해서였지. 차가 한강다리를 건너오자 집으로 다시 가는구나 생각했더니 이촌동 앞 한강 백사장에 내려놓지 않겠어. 아쉬운 대로 천막치고 보름쯤 지내다가 주민대표를 뽑아 다시 사당동에 와서 나무를 자르고 산등성이에서 산 밑 개천까지 줄을 치고 다시 가로로 줄을 쳐서 10평 정도의 정사각형 한 칸에 아래로부터 위까지 차례로 번호를 매겼지. 그리고 14명이 한 조가 되어 1~14번까지의 번호를 뽑아 자리를 정하고 4집당 1개의 천막을 치고 그 안에 가지고 있던 가구나 살림으로 4등분해서 한 달간 지낼 수 있었어. 겨울에 들어서면서 날씨가 추워지자, 이웃사람들과 품앗이해서 급한 대로 흙벽돌을 만들어 방 한 칸씩을 만들고 스레트로 지붕을 얹어 그해 겨울을 날 수 있었어. 그 뒤로는 전세 들어오는 사람에게 돈을 받아 방 1칸씩 늘려 땅 10평에 방 3칸짜리 집이 된거지. 뭐, 변소라고 어디 있었나, 산꼭대기 갈대밭에 가서 임시로 만든 변소를 이용했고 물은 10분 거리 떨어져 있는 배나무골에 가서 길어 먹었지. 버스는 30분 걸어 흑석동 종점에 가서 타고 다녔지."

이처럼 당시 상하수도 시설은 전무하였고 1970년대말까지만 해도 한 지게에 20원씩 물을 사다 길어 먹었으며 집집마다 물지게가 거의 있었다.

철거정착민 이주는 1968년까지 계속되었고 서울시는 철거민들에게 이주민증을 발급하여 서울시 소유였던 산을 분할하여 1가구당 10평의 땅을 배분하였다. 일단 철거민 정착이 끝난 1968년부터는 이농민들이 싼 집을 찾아 정착하거나 도시영세민들이 서울시내에서 싼 주거지를 찾아 이주하면서 점점 인구가 늘어나 서울시에서 가장 큰 무허가정착지 중의 하나가 되었다.

첫 정착민들은 대부분이 일용노동자이거나 행상을 하는 사람들이었기 때문에 일자리를 찾아 몇 시간에 걸쳐 통근을 해야 했고 국민학교가 없어 아이들은 2km 떨어진 서초동(그 당시는 허허벌판이었음)의 신동국민학교까지 다녀야 했다. 그 뒤 먼저 입주한 집주인들은 전세 들어오겠다는 사람이 있으면 그들에게 선불을 받아 방을 한 칸씩 늘려 갔으며 이렇게 해서 대부분의 집들이 방 3칸 짜리의 모습을 갖게 되었다. 이때 이곳에는 다른 지역에서 철거해 온 사람, 이농한 사람들로 붐벼 전세 수요자가 꽤 많았다. 그러나 원래의 철거정착민들은 반 정도가 곧 떠났다. 주거조건이 워낙 열악한 데다 생계수단이 없고 교통비도 많이 들어 이들 첫 정착민들 중 반 이상은 배당받은 10평을 1만 5,000원에서 3만 원을 받고 판 후에 떠났다. 25년이 지난 1990년 현재 이 10평 가옥은 1억 원 이상을 호가하게 되었으며 인플레이션을 계산한다 하더라도 엄청난 지가상승을 기록한 셈이다. 이러한 지가의 상승은 사실은 이 지역에 거주했던 사람들의 보이지 않는 노동에 의존한 바가 컸다고 할 수 있다. 첫 철거민들의 생활은 생활 자체가 곧 이 지역을 사람들이 살 수 있는 공간으로 만들어 가는 노동과정이었으며 그 이후에도 이 지역에 살았던 사람들은 그들의 직접적 또는 간접적 노동을 통해 지가의 가치를 창출시켜 왔다고 해도 과언이 아니다.

1973년 재개발사업 고시지역으로 선정되기까지의 8년은 이 지역이 외형적으로 살 만한 공간으로 변화해 가는 과정이었다. 이 지역의 앞쪽이 육로로 연결되고 버스가 동네 앞까지 들어오게 된 것은 1970년대초 반포지역이 매립되어 반포아파트가 들어서면서부터이다. 황토길이었던 도로가 포장된 것은 1971년 국회의원 선거를 거치면서였다. 이때 국민학교와 파출소도 생겼다. 그전까지는 비가 오면 나룻배를 타고 서울시내로 들어가야 했고 파출소가 없는 우범지대이기도 했다. 이 지역주민들은 스스로 인근에서 전기를 끌어 오고 물을 길어다 먹었으며 버스종점까지 30분씩 걸어 버스를 타고 서울시내로 들어갔다. 이 지역에 오래 산 여성들 중에는 물지게로 물을 길어다 먹느라고 허리병이 생겼다는 경우도 상당수 있다. 또한 아이들은 1시간씩 걸어서 학교에 다녔으며 1980년 중반까지도 학생수가 1만 명이 넘는, 서울시에서 가장 학생수가 많은 콩나물교실에 3부제 수업학교로 유명했다. 재개발사업 고시지역으로 지정된 뒤부터 재개발추진위원회가 구성되는 1984년까지를 이 지역의 안정기로 볼 수 있는데 서울시의 확장에 따라 주변지역이 개발되면서 이 지역은 교통의 중심지로 부상했다. 이때 소방도로가 포장되고 웬만한 차들이 골목 앞까지 진입할 수 있게 되었으며 자가수도도 설치되었다. 그러나 재개발지역으로 지정되면서 건물의 신축·증축이 규제되어 주거환경은 불량화되고 악화되기 시작했다. 실제로 이 지역 모든 주택은 한 두 군데 금이 가 있으며 3분의 1 이상의 가옥이 비가 오면 물이 새는 정도였다(사진 1 참조). 이 시기는 1984년 이후 지역개발의 수익성을 노리는 합동재개발정책이 시행될 수 있는 준비기였다고 할 수 있다. 1985년에는 지하철 개통으로 바로 동네입구에 지하철 역이 생겨났고 지역 안에 경로당 2개, 유아원 1개, 교회 2개 등이 들어섰으며 가까운 곳에 국민학교, 중·고등학교가 4개교나 들어왔다. 또한 병원, 약국 등의 편의시설도 들어왔다. 주민들 중에는 "이제 정말 살 만하다"고 생각하게 되었는데 재개발 때문에 떠나야 하는 상황에 놓이게 되었다는 말들을 하게 되었다.

2. 재개발의 추진과정

재개발의 추진과정은 곧 이 지역사회의 해체과정을 보여주며 또한 서울의 도시개발정책과 그러한 정책수행의 구조를 보여준다. 이 지역이 재개발지역으로 고시된 것은 1973년이며, 1974년에 지적고시, 1982년에 지역변경 결정고시가 있었으나 구체적인 재개발의 움직임은 10년이 넘도록 없었다. 그러다가 1983년 서울시가 재개발정책을 합동재개발에 의한 방식으로 전환하면서 1984년 이 지역도 합동재개발방식에 따른 재개발사업을 추진하게 되었다. 이 시기는 중동의 건설경기 후퇴로 국내 건설경기 부양이 필요한 때였다. 이 지역에서 실질적인 재개발사업이 시작된 것은 1984년 가옥주들이 재개발추진위원회를 구성하고 S건설을 참여조합(시공업자)으로 선정하면서부터이다. 즉 지역주민이 토지를 제공하고 대형건설회사는 참여조합의 자격으로 주택을 건립하여 해당지역 주민을 수용한 후 잔여세대는 분양하는 합동재개발방식으로 확정되면서부터라고 볼 수 있다. 이 합동재개발방식은 외형상으로는 가구주를 중심으로 재개발추진위원회가 구성되고 이 재개발추진위원회가 선정한 건설회사가 참여조합이 되는 완전한 민간형 재개발방식이다. 서울시는 행정지도만을 맡는 것으로 되어 있다. 그러나 재개발지역고시, 구획설정, 사업시행인허가 업무 등이 서울시의 소관이며, 대자본 즉 대형건설회사가 참여조합으로 참여하게 되어 있으므로 재개발사업의 추진이 서울시와 대자본의 영향권을 벗어나기 힘들다. 여기에 지역주민의 이해관계가 맞물리면서 재개발사업은 추진된다. 이러한 재개발사업의 추진과정은 곧 입장을 달리하는 제집단이 그들의 이해관계를 실현시켜 나가는 과정이며 재개발사업 지역은 이러한 다양한 집단의 이해관계와 갈등이 표출되는 장이다. 사업의 추진 또는 지연은 곧 이해관계를 달리하는 제세력간의 역학관계에서 결정된다. 이 지역 재개발과정에서 이러한 역학관계는 지역개발의 주도권을 둘러싼 지역유지들의 내분, 재개발추진위원회와 지역주민간의 갈등, 이해관계를 달리하는 가옥주들간의 갈등, 재개발추진위원회와 세입자대책위원회간의 갈등으로 나타났다. 건설회사나 국가 또는 서울시는 마지막까지 직접적인 갈등의 표적이 되지 않았다. 그러나 강제철거가 들어오면서 이주할 능력이 없는 세입자를 중심으로 한 세입자대책위원회에서 부동산업자, 건설회사, 서울시 등을 항의표적으로 삼았으며 국가를 상대로 영구임대주택 보장 등을 요구하고 나왔다.

재개발사업 추진과정에서 첫 갈등은 지역개발의 주도권을 둘러싼 지역유지들간의 내분으로 표출되었다. 이는 재개발추진위원회의 위원장 선출을 비롯한 집행부 구성을 둘러싸고 생겨났는데 재개발을 처음 추진한 근씨를 위원장으로 옹립하려는 세력과 근씨에게 지역개발의 주도권을 뺏기고 싶지 않은 세력간의 대립이었으며 근씨의 반대측은 O씨라는 사람을 주민총회에 위원장으로 추대하는 데 성공한다.[6] 이에 불복한 근씨는 후원세력과 함께 독자적인

6) 재개발추진위원회 위원장이나 집행부 자리를 놓고 생기는 주도권 싸움은 다른 재

공구설정을 위한 운동에 나섰으며 이를 서울시가 승인하여 같은 구역이 1공구와 2공구로 분할되게 되었다. 이렇게 해서 제1공구의 재개발위원회 위원장은 ㄹ씨가, 제 2 공구 위원장은 ㅇ씨가 맡게 되었다. 이 주도권 싸움은 집행부가 상당한 이권과 기득권을 가질 수 있는 집단임을 확인시켰으며 공구설정 등 서울시 인가사항도 이러한 이해관계의 결과 조정될 수도 있음을 보여주었다. 이는 한편으로 재개발추진위원회 집행부와 서울시 당국이 맺고 있는 관계를 보여주는 것이기도 하며 집행부의 성격을 시사하는 것이기도 하다.

두번째 갈등은 재개발추진위원회와 지역주민간의 갈등으로 표출되었다. 재개발사업의 추진이 지연되면서 주민들은 재개발추진위원회 집행부가 건설회사와 결탁하여 자기들의 이해관계에 따라 움직이고 있다는 의혹을 갖기 시작했다. 1984년 9월, 재개발추진위원회측은 주민총회에서 5개 건설회사 가운데 조건이 가장 좋아 보이는 S건설을 참여조합으로 선정해서 재개발사업을 추진했으나 1986년초까지 별다른 진전이 없었으며 S건설이 부실기업으로 재개발추진이 어렵게 되었음이 알려지자 주민들의 불만이 고조되었다. 사태가 심각해지자, S건설회사는 1986년 8월 I건설회사를 연대보증회사로 선정하였고 S건설회사와 결탁한 재개발추진위원회는 이를 승인하였다. 그러나 I건설회사와 같이 지명도가 낮은 건설회사가 시공할 경우 분양시 프리미엄이 올라가지 않아 개발수익이 떨어질 것을 우려한 외지 가옥주들과 무능력한 S건설과 밀접한 관계를 유지하고 있는 재개발추진위원회를 불신한 주민들이 힘을 합쳐 재개발추진위원회에서 승인된 사실을 주민총회에서 부결시켰다. 결국 동년 12월 열린 주민총회에서 주민 88%의 지지를 얻은 W건설이 새로운 참여조합원으로 선정되었다. 이러한 과정에서 주민들은 건설회사와 함께 재개발추진위원회 위원장도 교체했다.

세번째 갈등은 재개발사업의 추진이 임박하면서 지역설정 등의 문제를 둘러싸고 이해관계를 달리하는 가옥주들간의 대립으로 나타났다. 조사지역은 사당 4구역 4개 공구 중 제2공구인데 이 공구만을 단독으로 공사하는 것은 지역의 지형상 불가능하다. 건설회사도 이렇게 할 경우 개발이익이 감소하므로

개발지역에서도 쉽게 관찰된다. 예를 들면 신림동 밤골지구나 봉천동은 그 좋은 예이며 이러한 내분 때문에 재개발사업 자체가 마비되기도 한다.

원하지 않았으며 서울시 또한 단독공사를 불허하고 있었다. 따라서 제2공구의 재개발사업은 다른 제1, 3, 4 공구의 추진과정과 밀접한 관련이 있을 수밖에 없다. 그러나 사유지가 많고 시장을 끼고 있는 제3공구의 경우 가옥주 중에는 임대료로 높은 소득을 올리고 있어 재개발사업에 미온적인 사람이 많았다. 시유지 가옥주들의 경우 80% 이상이 찬성을 하고 있으나, 사유지가 많은 X통은 62가구 중 단지 9가구만 재개발을 찬성했으며 1987년 6월에는 재개발사업의 중단을 요구하고 나섰다. 이들은 재개발사업이 시행될 경우 사유지가 시유지와 같은 보상을 받는다면 손해라고 생각하며 재개발사업을 탐탁하게 생각하지 않았다. 또한 진입로라든가 도로확장 등의 문제로 이해관계가 얽힌 가옥주들도 재개발사업의 추진에 반대하고 나섰다. 그러나 이들의 입장은 재개발을 지지하는 다수에 밀려 쉽게 조정되었다.

네번째 갈등은 세입자와 가옥주, 또는 세입자의 이익을 대변하는 세입자대책위원회와 재개발추진위원회간의 첨예한 대립으로 나타났다. 이는 1987년 2월부터 이주비를 지급하고 빈집들이 '자진 철거'되기 시작하면서 표면화되었다. 가옥주들 중에서는 빠른 시일내에 사업이 시행되기를 바라는 사람들이 많아졌으며 특히 단기 투기수익을 노리는 외지 가옥주들의 경우 이러한 성향이 두드러졌다. 그러나 가옥주와는 달리 재개발사업이 곧바로 주거지 상실을 의미하는 세입자들은 철거이주가 시작되면서부터는 불안감을 나타냈으며 철거이주 시작과 함께 그들의 입장을 대변할 세입자대책위원회 구성을 서두르게 되었다. 즉, "그냥 나갈 수는 없다" "세입자에게도 이주비를 지급하라"는 세입자들의 목소리는 점점 커져서 1987년 8월 세입자대책위원회를 정식으로 발족시켰다. 그때까지 세입자들은 재개발에서 그들의 입장을 대변할 공식기구를 갖고 있지 못했다. 세입자는 재개발에 관한 모든 회의에 참석이 금지되었는데, 합동재개발법상 세입자에게는 조합원의 자격이 주어지지 않기 때문이다.

집주인의 이사요구가 빈번해지고, 주위의 집들이 철거되기 시작하자 재개발사업은 더 이상 가옥주들만의 문제는 아니게 되었다. 제1공구 세입자들을 중심으로 한 세입자모임이 점차 확산되고 제2공구 세입자들도 모임에 가담하기 시작했다. 이러한 과정에서 재개발추진위원회는 세입자들에게 아파트 방

한 칸의 분양권을 받든지 가옥주로부터 80만 원을 받아 이주하든지 선택하라는 공고문을 부쳤다.[7] 세입자들 중에는 80만 원 보상이라도 신청하려는 움직임이 있었으나 세입자대책위원회 측이 이를 일축하고 세입자모임을 활성화하면서 세입자들의 입장이 강화되기 시작한다. 1987년 9월초부터는 매주 세입자회의가 열리기 시작했으며 9월 24일에는 세입자대책위원회 사무소를 개설했다. 그리고 10월 16일 세입자들이 재개발추진위원회 사무실을 점거, 농성을 하면서 재개발추진위원회와 세입자대책위원회는 완전한 대립관계에 들어섰다. 세입자모임에 외부 지원세력도 참가하기 시작해 ㅈ씨를 비롯한 여러 명의 대중운동가들이 세입자대동제 등에 참여, 격려연설을 하고 10월, 11월 등 대통령 선거를 앞두고 야당의 대통령 출마자들이 세입자대책위원회 사무실이나 세입자모임에 다녀가기도 했다. 전반적인 민주화 분위기와 선거 분위기로 인해 세입자들의 움직임은 보다 활발해졌으며 대동제나 가두시위 등을 통해 그들의 입장을 강화하고 요구 조건도 보다 분명히 했다. 처음에는 집주인 눈치를 보던 세입자들의 다수가 이러한 과정에서 세입자대책위원회에 적극적으로 가담하기 시작했다. 사당동의 개발 면적 6만 평 중 1만 평을 세입자 몫으로 달라든가 개발 순수익이 240억 원이 되므로 그 중의 10분의 1을 달라는 요구도 나왔다.

이러한 과정에서 세입자와 가옥주, 세입자대책위원회와 재개발추진위원회는 여러 형태로 대립했다. 한때는 주민 몇 사람에 의해 집단이주를 위한 부지 구입을 위한 서명도 있었으나 세입자대책위원회 와해술이라는 소문만 남긴 채 흐지부지되었다. 이 단계는 재개발사업 추진에 있어 매우 역동적이며 중요한 고비로서 이 과정에서 이해관계를 달리하는 제집단간의 입장이 분명해지며 재개발사업을 그들에게 유리하게 끌어가기 위한 운동 또한 표면화하고 이해관계도 보다 구체화되었다. 이때부터 강제철거 위협이 증대하며, 재개발사업이 안고 있는 근본적인 문제가 제기된다. 여기서 세입자들은 이러한 문제가 세입자대책위원회와 재개발추진위원회 사이에서 해결될 수 없다는 인식

7) 아파트 방 한 칸(8평)을 분양받으려면 평당 115만 원으로 계산해서 약 1,000만 원이 필요하다. 이러한 돈을 마련할 수 없는 세입자들은 분양권을 팔든지 80만 원의 생활비를 받아 이 지역을 떠날 수밖에 없다.

에 이른다. 즉 세입자들이 장기융자 임대주택이라는 근본적인 주거대책을 요구하고 조직화된 철거반대운동을 전개하면서 재개발사업 추진이 결코 가옥주와 세입자라는 양자간의 대립의 차원이 아님을 인식하게 된 것이다. 이들은 마지막 단계에서야 재개발사업의 문제가 이를 입안하고 실행하는 국가의 도시계획에서 비롯된다는 인식을 갖게 되었고 이 지역 가옥의 90% 이상이 외지인에 넘어감으로써 부동산중개업자의 농간과 횡포나 재개발추진위원회 사업안이 건설회사의 이익과 연결되어 있다는 데도 눈뜨기 시작했다. 1988년 1월부터는 '임대주택쟁취를 위한 도시빈민대회'가 열렸고 5월에는 세입자와 부동산 중개업자간에 충돌이 있었다. 세입자들은 국회의사당, 동작구청, 민정당사에 찾아가 농성을 시작했으며 세입자 생존권 보장을 국가에 요구하기 시작했다. 이 결과 1988년 5월 19일 이전에 전입한 세입자에 대한 세입자권리 인정 및 장기저리임대주택 건설에 구청이 적극 협조한다는 약속을 받아냈다. 곧이어 올림픽 기간 동안 이 지역이 '평화구역'으로 선포됨에 따라 세입자대책위원회는 재개발추진위원회 및 경찰과 협상 끝에 2개월간 휴전에 합의했다. 이 기간에 재개발추진위원회와 구청은 공람 공고를 통해 사업승인의 요건을 갖추고 9월 서울시로부터 사업승인을 받았다. 이에 따라 11월 1일 세입자 600여 명이 구청 앞에서 시위에 들어갔으나 경찰에 의해 강제 해산되었으며 11월 5일 대규모 강제철거반이 들어와 4일 동안에 100여 채의 가옥을 철거했는데 이 과정에서 약 200여 명의 세입자가 부상당한 것으로 추계되

강제철거와 세입자 대립은 겨울 동안 소강상태에 들어갔으며 1989년 5월 다시 한번 대규모 강제철거가 있었다. 이때는 포크레인 3~4대가 지역 뒤쪽부터 밀어붙이면서 공사진행 준비를 보였다. 이때까지 700~800세대가 남아 있었으나 6월에는 300~400세대만 남고 다 떠났으며 8월에 세입자대책위원회가 매수되었다는 소문이 나오기 시작하면서 이주가구가 늘어났다. 9월에는 240세대만이 남아 있었다. 이때 동네는 거의 완전 폐허상태였고 10월에는 소송이 걸린 집 몇 채만이 남았고 불도저가 지반정리 작업을 시작했다.

이러한 관찰은 재개발사업의 추진, 또는 장기화가 재개발사업을 놓고 이해관계를 달리하는 제집단간의 역학관계에서 결정될 수밖에 없음을 보여준다.

8) 사당 2동 세입자대책위원회, 『사당 2동 투쟁 보고서』(1988) 참조.

그러나 그러한 역학관계는 표면적으로 나타난 재개발추진위원회 집행부와 가옥주, 또는 재개발추진위원회와 세입자대책위원회 등 내부집단간의 역학관계만은 아니다. 서울시의 재개발정책이나 주택정책, 그리고 건설회사의 입장은 이러한 역학관계의 방향을 바꿔 놓을 수 있는 중요한 변수로 작용하고 있음이 이 지역 재개발 추진과정에서 여러 번 드러나고 있다.

3. 재개발과 부동산 투기

(1) 부동산 가격과 매매 추이

대부분의 다른 재개발지역에서와 마찬가지로 이 지역에서도 재개발 소문과 함께 주택가격이 부침을 거듭했으며 재개발사업이 본격적으로 추진될 기미를 보인 1984년 후반부터 주택가격이 서서히 오르기 시작하였다. 특히 1987년 2월, 철거이주가 시작되면서부터는 급등하기 시작하여 1987년 2월에 2,000만 원 하던 10평 가옥이 1988년 10월 현재에는 4,500만 원까지 호가하고 있다. 즉 평당 가격이 400만 원이 넘는 셈이다. 그리고 1989년말 1억 2,000만 원을 호가하게 되었다. 앞 장에서도 언급했듯이 1965년 철거민 이주 당시 시유지를 각 가구당 10평씩 분배하였으며 이 점유권은 기껏해야 1만 5,000원에서 3만 원에 거래되었다. 10년이 지난 1975년에는 110만 원 선이었으며 재개발지역으로 고시된 뒤에도 크게 가격변동이 없어 10평 가옥의 가격은 1983년까지 350만 원 정도였다. 1984년 봄, 합동재개발사업 소문이 나면서 600~700만 원으로 갑자기 200여 만 원이 올랐다. 그리고 곧 재개발추진위원회가 구성되고 S건설이 참여조합으로 선정되는 등 재개발사업이 본격적으로 추진되기 시작하자 1984년 여름에는 1,300~1,400만 원으로 급등했는데 이는 참여조합으로 선정된 S건설이 아파트를 짓게 되면 가옥주에게 25평짜리 아파트를 제공한다는 조건을 내세우면서부터이다. 이때부터 이 지역은 이른바 외지인 부동산 투기자들의 관심을 끌기 시작하게 되었고 2개월 사이에 300~400만 원이 올라 추석쯤에는 2,000만 원까지 호가하게 되었다.

이곳 부동산업자들에 따르면, 이 시기가 사당동이 생긴 이래 가장 많은 가

〈표 1〉 10평 무허가주택의 가격변동 추이

1965년 이주 당시	1975년	1983년	1984년 봄	1984년 여름
1,500~3,000원	110만 원	350만 원	600~700만 원	1,300~1,400만 원
1984년 9월	1984년 추석 이후	1985년초	1987년 2월	1987년 8월
1,700만 원	2,000만 원	2,400만 원	2,000만 원	1,600만 원
1987년 12월	1988년 3월	1988년 8월	1988년 10월	1989년말
2,000만 원	3,500만 원	4,000만 원	4,500만 원	1억 2,000만 원

옥 매매가 있었던 때이다. 하룻밤 자고 나면 50만 원이나 100만 원이 오르고 10번까지 가옥이 전매되는 경우도 흔했다. 그러나 1986년으로 예상되었던 재개발 착공이 연기되자 주택가격은 소폭으로 내리기도 하였다. 더구나 1가구당 점유평수에 관계없이 아파트를 분양받으리라는 당초의 예상과는 달리 재개발추진위원회에서 점유평수에 비례하여 개발이익을 처분하기로 정하자 주택가격은 500만 원 이상 하락하여 1985년초에 2,400만 원 하던 주택가격이 1987년 2월에는 1,900~2,000만 원에 불과했으며 1987년 8월에는 1,600만 원까지 하락했다. 1987년 12월 대통령선거 이후 전국적인 부동산 매매의 활기와 함께 이 지역에서도 거래가 활발해지면서 주택가격이 2,000만 원을 회복했고 1988년 3월에는 3,500만 원으로 급등했다. 이후 전국적인 부동산 가격이 계속 오름세를 보여 1988년 10월에는 4,500만 원까지 올랐고 1989년 밀에는 1억 2,000만 원을 호가하게 되었다. 조사구역 주택가격의 변동추이를 입수 가능한 자료의 범위내에서 도표화하면 다음과 같다〈표 1〉.

이 기간 동안 실제 매매가 이루어진 정도를 정확하게 파악할 수는 없었지만, 사당 2동 동사무소의 무허가가옥 관리대장에 신고된 명의변경 가옥수를 파악해 본 결과 1984년부터 1988년 4월까지 약 2,400여건 이상의 명의변경 사례가 있었다.[9] 전체 무허가건물의 숫자는 1,800여 동으로 추계되어 있음

9) 그러나 위의 도표에서 나타난 명의변경 수는 실제 복덕방에서 이루어진 매매건수의 일부에 지나지 않는다. 왜냐하면 매매가 이루어진 경우라도 매매차액을 위해서 명의변경을 하지 않은 채 다시 양도하는 사례가 빈번하기 때문이다. 원래 무허가주택의 소유를 변경하려면 매매계약서가 있어야 하고 앞서 양도한 사람과 동사무소에 신고된 소유자와 일치하지 않으면 원래주인으로 신고된 소유자에게 찾아가서 계약서를 다시 만들어야 하지만 몇 번씩의 전매가 이루어지는 상황에서 원래주인

〈표 2〉 무허가건물 명의변경 건수

	1984/11	12	1985/1	2	3	4	5	6	7	8	9	10
명의변경 건 수	88	160	288	121	149	86	52	23	33	13	18	37
연/월	1985/11	12	1986/1	2	3	4	5	6	7	8	9	10
명의변경 건 수	47	26	34	24	61	16	34	29	6	11	8	50
연/월	1986/11	12	1987/1	2	3	4	5	6	7	8	9	10
명의변경 건 수	21	28	14	11	29	21	34	32	29	14	32	65
연/월	1987/11	12	1988/1	2	3	4						
명의변경 건 수	85	317	33	47	181	54		총 : 2,404				

을 볼 때 모든 가옥이 적어도 한 번 이상 팔렸음을 알 수 있다.

〈표 2〉를 보면 월별 매매 건수가 가장 많은 달은 1987년 12월의 317건이며 그 다음은 1985년 1월 288건이다. 그 외 월별 매매 건수가 100건이 넘는 달은 1985년 2월과 3월 그리고 1988년 3월 등인데 이 시기는 모두 재개발과 관련된 특수(特需)경기가 있던 시기로 부동산 가격이 급등했던 시기이다.

(2) 철거와 부동산 투기

부동산 투기는 이 지역에서는 계속 일어나고 있었지만 특히 자진철거 이주가 시작된 1987년 2월말부터는 아파트 입주권이라 불리는 일명 '가옥주 딱지'와 아파트 방 한 칸 분양권이라 불리는 일명 '세입자 딱지'의 매매가 성행하게 되어 어느 때보다도 부동산업계가 활기를 띠었다. 이 시기에 재개발추진위원회에서는 사업진행을 위해 1987년 2월말부터 이주 가옥주들에게 500만

을 찾는다는 것은 쉬운 일이 아니어서 흔히 통·반장의 보증만으로 소유변경을 하는 방법이 통용되었다. 이곳에서는 세입자도 집주인이 누구인지 몰라 재산세 등의 세금고지서를 어디로 가져가야 할지 고민하는 경우도 매우 빈번하다.

원의 이주비와 300만 원의 은행융자를 알선하면서 철거이주를 권장했다. 철거이주하는 가옥주에 대해서는 점유평수만큼의 아파트 입주권을 '가옥주 딱지'로 지급했다.

아파트 입주권 매매

아파트 입주권이라 불리는 '가옥주 딱지'는 예를 들면 10평 가옥주에게는 새로 짓는 아파트 10평에 대한 입주권을 인정하는 것으로서 이 딱지를 가지고 있으면 25평짜리 아파트가 세워질 경우 25평에서 10평을 뺀 나머지 평수에 대해서는 분양가로 계산해서 구입할 수 있는 권한을 갖는다. 즉 아파트 구입을 위한 채권입찰의 부담에서 제외된다. 이러한 이유 때문에 가옥주 딱지를 얻기 위한 가옥 매매가 활발하게 이루어졌다. 1987년 3월부터 1988년 10월까지 사이에 10평을 기준으로 이곳의 아파트 입주권은 2,000만 원에서 4,500만 원으로 약 1년 6개월 사이에 2,500만 원이 올랐다. 이 시기는 전국적으로 부동산 가격이 오름세를 보인 시기이기는 하지만 평당 가격의 오름세를 계산할 때 이는 전국 부동산 가격 상승 평균을 훨씬 웃돈다. 그러나 이러한 '가옥주 딱지'의 가격이 계속 상승한 것은 아니며 몇 차례의 등락을 거듭하면서 여기에 이르렀다. 즉 10평 가옥 한 채의 가격은 합동재개발이 추진되면서 2,400만 원까지 올랐는데도 1987년 2월말 철거이주가 시작될 때는 2,000만 원 정도로 떨어졌으며 8월에는 1,600만 원으로 다시 하락했다. 이렇게 가옥 가격이 떨어졌던 것은 우선 이 지역 아파트 건설조합으로 참여한 S건설이 부도를 내면서 W건설로 넘어갔고 W건설이 내건 조건이 S건설이 내건 조건보다도 불리하다고 판단한 데서 온 것이기도 하지만 그보다는 세입자들의 반대 때문에 아파트 착공시기가 불투명해질 것이라는 소문이 나면서부터이다. 1987년 8월에 다시 가격이 한번 더 떨어졌는데 이는 철거이주가 시작된 지 6개월이 넘도록 철거가옥의 수가 30%에 머물렀고 세입자대책위원회가 결성되어 세입자들의 철거반대운동이 거세지면서 철거전망이 불확실했기 때문이다. 12월 대통령 선거가 끝나자 주택가격이 2,000만 원으로 회복되었고 그 이후로는 계속 상승세를 보였다. 그러면서 거래도 활발해지고 철거가옥수도 늘어나기 시작했다. 이주철거가 시작된 지 3개월이 지난 1987년 6월 가옥철거는 22% 수준이었으나 8월에는 30%, 10월에는 50%의 철거율을 보였다.

가옥철거율이 50%를 넘은 데다 부동산 경기의 상승세에 힘입어 12월에는 최대의 부동산 매매 건수를 보여준다〈표 2〉. 이때 많은 가옥주들은 가옥가격이 다시 떨어질까봐 안절부절 못하면서 외지인들에게 가옥을 전매했으며 이 시기에 철거한 가옥의 대부분이 외지인 소유로 알려져 있다. 1987년 11월말부터는 세입자들에게 주어진 일명 '세입자 딱지'도 프리미엄이 붙어 투기의 대상이 되기 시작했다. 즉 아파트 방 한 칸 분양권인 일명 '세입자 딱지'가 투기대상이 되는 새로운 현상이 일어났다.

세입자 분양권 매매

재개발지역에서 투기 붐이 이는 것은 공통적인 현상이지만 이 지역에서 세입자에게 주어진 아파트 방 한 칸 분양권이라고 불리는 '세입자 딱지'가 부동산 투기의 대상이 될 만큼 짧은 시간에 많은 프리미엄이 붙은 것은 주목할 만한 현상이다. 이 세입자 딱지는 처음에는 2개월의 생활비 80만 원 대신 선택할 수 있는 세입자 특별분양권으로서 이러한 제안이 나온 당시에는 이 '딱지'가 100만 원 정도는 나갈 것으로 평가되었다. 그러나 1987년 11월부터 160～170만 원에 거래되었고 그 이후부터 한 달 평균 50만 원씩 올라 1988년 10월초에는 최고 650만 원까지도 거래되었다.

이 지역에서도 1986년 후반부터 가옥주들이 세입자의 이주를 요구하기 시작했으나 물론 아무런 보상도 없었다. 당시 재개발추진위원회는 가옥주들에게 세입자가 많이 남아 있으면 있을수록 이주대책비가 크게 늘어나, 가옥주에게 돌아가게 되는 사업이익이 그만큼 공제되기 때문에 조속한 시일내에 세입자를 이주시켜야 함을 강조했다. 그러나 이때 세입자의 이주는 어디까지나 개별세입자와 개별가옥주간의 문제로 규정되었으며 많은 세입자들이 계약기간이 끝나면 전세금이나 월세 보증금을 돌려받고 별 이의 없이 이주하기 시작했다. 그 결과 1986년부터 세입자의 이주가 서서히 진전되어 가옥당 거주가구수가 줄기 시작했으며 철거이주가 시작되면서부터는 세입자이주도 급속하게 진행되었다. 세입자대책위원회가 조직되는 1987년 8월 전에 떠난 세입자들은 한 푼의 이주비도 지급받지 못한 채, 주변 무허가지역인 봉천동, 신림동이나 성남, 안양, 부천 등 인근 교외로 주거지를 찾아 떠났다(6장 참조).

그러나 세입자대책위원회가 조직되고 재개발추진위원회로부터 세입자 이주비 지급에 대한 공고가 나붙자, 일시적으로 세입자이주는 뜸해졌으며 9월부터 이주하는 세입자는 2개월 생활비에 해당되는 80만 원의 이주비나, 아파트 방 한 칸에 입주할 수 있는 권리가 부여된 특별분양권 중 한 가지를 택하게 되었다. 이 방 한 칸 분양권은 아파트 8평에 해당되는 분양권으로 세입자가 입주하기 위해서는 평당 115만 원으로 계산해서 900여 만 원 이상이 필요하며 또한 재개발착공일이 불투명하고, 건설기간만도 1년이 걸리는 상황에서 새로 지을 아파트의 방 한 칸에 입주할 수 있는 세입자 가구는 거의 없었다.[10] 세입자들은 지급된 분양권을 부동산업자들에게 내놓았으며 곧 160~170만 원에 거래되기 시작했다. 일부 세입자들은 현거래시세가 높으니 빨리 팔라는 부동산중개업자의 권유를 받고 이주비를 지급받지 못하고 먼저 떠난 세입자들에 비해 보상을 받는 것을 다행으로 생각하여 빨리 '딱지'를 팔고 이주했다. 그러나 다수의 세입자들은 이 정도의 보상으로는 다른 곳의 월세 보증금밖에 되지 못하며, 월세방을 구하더라도 매월 지불하는 월세를 지불할 능력이 못되어 이주할 처지가 못된다면서 특별한 이유가 없는 한 이주하지 않으려는 경향을 보였다. 이 과정에서 한편으로는 아파트 건립시기가 가까와지고 있다는 소문이 었었고 다른 한편으로는 세입자대책위원회측의 세입자 임대주택 쟁취운동이 거세졌다. '세입자 딱지' 가격은 계속 올라 1987년말에는 250만 원, 1988년 2월에는 350만 원까지 상승했다. 이와 함께 세입자들의 이주도 활발해졌고 가옥주 딱지 가격도 상승했으며 가옥의 철거율도 70%를 육박했다.

즉 부동산 투기의 활성화로 말미암아 분양권의 프리미엄이 상승하고 이에 따라 세입자이주가 증가했으며 그 결과 재개발의 가속화현상이 촉진되었다. 즉 부동산 투기는 합동재개발의 가장 주요한 추진동력인 동시에 이들의 생존에 직접적인 영향력을 행사하고 있음을 알 수 있다. 부동산 가격의 부침과 주민의 이주 및 가옥철거는 깊은 관련성을 보여주고 있다. 우선, 첫째로 부동

10) 결국 세입자들이 입주가 불가능한 상황에서도 분양권을 선택하고 프리미엄을 붙여 이를 전매한 사실은 이들이 이주로 인해 발생하는 추가적인 주거비 부담을 최대한 보전하려는 노력으로 볼 수 있다.

산 투기가 증가하면 원주민 가옥주가 줄어들고 세입자가 증가한다. 예를 들면 1984년부터 1986년까지 X통에서는 55%, Y통에서는 36%, Z통에서는 32% 정도가 소유자가 변경되었다. 새로운 소유자는 투기를 노린 외지인이며, 전매한 그 지역의 가옥주는 이 지역 밖으로 이주했다. 전매가 이루어진 만큼 외지인에 의한 지역주민의 대체가 이루어졌다. 가옥주가 세입자로 잔류하는 경우는 바로 세입자의 증가를 의미한다. 그리고 외지 가옥주가 증가하면 할수록 철거는 순조롭게 진행된다. 거주 가옥주에게는 이 지역이 생존을 위한 주거지이지만 외지인들은 그와 달리 단기간의 전매차익을 노리고 투기적 투자를 한 것이므로 가능한 한 철거 및 아파트 건설이 신속하게 진행될수록 그들의 이해를 보다 쉽사리 관철시킬 수 있기 때문이다.

두번째로, 부동산 투기를 통해 주택을 구입한 외지인은 주택 그 자체보다는 토지에 대해서 권리를 행사함으로 재개발사업에 따른 개발이익을 얻는 데 목적이 있기 때문에 오래 전부터 주택을 구입한 외지 가옥주들은 이주비가 지급되자, 조속한 아파트 착공을 위한 여건조성을 위해 이주비 500만 원을 받고 곧 철거에 들어갔다. 반면에, 원주민 가옥주들은 재개발착공이 불투명한 시점에서 집을 헐고 나가는 것은 불안하다고 생각하여 잔류하는 태도를 보였다. 관리처분계획이 확정되지도 않아 돌아올 개발이윤이 얼마 정도인지를 알 수 없을 뿐더러, 이주비 500만 원에서 전세금을 빼주고 이사비를 제외하면 다른 곳에 전세방도 얻기 힘든 사정에 놓여 있기 때문이다. 이들은 주택가격이 적당한 선으로 오를 때까지 기다리는 성향을 보였다. 철거가 진행된다는 것은 가시적으로 착공이 임박함을 뜻하는 것이어서, 다시 부동산 투기붐이 조성되기 시작하여 부동산 소개소에 외지인들이 붐비기 시작했으며 이들은 주택을 구입할 때 철거를 조건으로 하기 때문에 외지인의 주택구입은 바로 가옥철거로 이어졌다. 1988년 1월경에는 주택전매율이 90% 정도가 되면서 철거율은 70%를 상회하게 된다.

셋째로, 위에서 설명한 바와 같이 현행 재개발방식하에서 도시저소득층인 가옥주가 철거 후 아파트에 입주하기까지는 상당한 시일이 필요하고 아파트 입주시 추가로 자금을 부담해야 하기 때문에, 이 지역 가옥주의 90% 이상이 가옥을 전매하고 이 지역을 떠났다. 재개발조합원은 부동산 투기로 개발이익을 획득하려는 외지인으로 대체되었다. 현행 합동재개발은 조합원의 가옥 전매를 1회에 한해 허용하고 있으며 이는 사실상 조합원이 외지인이 될 수 있는 길을 터 놓고 있고 어떤 의미에서는 권장하고 있다고 볼 수 있다.

넷째로, 부동산 투기가 조합원의 권리가 되는 아파트 입주권만이 아니라, 세입자를 위한 특별분양권도 투기대상이 되어 세입자를 재개발지역에서 축출하는 기능을 하게 되었다. 즉 철거이주를 유도하는 기제가 부동산 가격이며 이 사당동 사례의 특별한 점은 이러한 시장기제에 의한 철거전략을 가옥주에게만 적용시키는 것이 아니라 세입자에게도 적용시키고 있다는 점이다. 즉 원주민 철거를 철저하게 시장기제에 의존한 것이다.

이러한 과정은 이 지역주민들의 일상생활을 규정하면서 지역주민들을 부동산 투기의 영향권으로 끌어들였다. 부동산 투기를 조성하는 요인들은 이들의 일상생활과 면밀히 연관되어 있다. 물론 이 지역의 부동산 투기는 자금동원 능력이 있는 외지인에 의해 주도되는 것이 사실이지만 현지주민과 무관하다고 볼 수는 없다. 주민들이 부동산 투기를 한다는 적극적 의미에서가 아니라 부동산 투기의 영향을 심하게 받는다는 의미에서이다. 이 지역에서 현지의 부동산중개업자나 약간의 자산이 있는 몇 명을 제외한다면 부동산 투기를 할 수 있는 주민은 극히 제한된다. 그러나 앞에서 보았듯이 지역주민의 철거가 부동산 투기라는 시장기제에 의해 조정되고 있기 때문에 이 지역주민은 누구나 직접 간접으로 부동산 투기와 연관되어 있다고 할 수 있다. 실제로 현지 가옥주들의 가옥매매와 심지어 '세입자 딱지'의 매매도 모두 부동산 투기와 무관하다고 볼 수가 없다.

(3) 철거기제

재개발을 빠르게 진행시키기 위해서는 가옥의 철거가 최우선 과제이며 사당동의 경우 이 철거는 시장기제와 공권력에 의한 강제철거를 적절하게 활용했다. 부동간 가격의 등락과 부침은 시장기제를 통한 철거방안에 따른 것이다. 이 지역 부동산 가격의 부침을 살펴보면 크게 두 가지 요인이 작용하는데 하나는 외부 부동산 경기 시세이며 다른 하나는 내부의 소문이다. 이러한 소문은 곧 부동산중개업자들에 의해 효과를 발휘한다. 내부의 중요한 소문은 시공건설회사측에서 흘러나오는 소문, 재개발추진위원회에서 흘러나오는 소문 등인데 언제 아파트가 들어설 것이라든가 평수가 어떻다든가 분양조건이 어떻다든가 하는 것에서부터 언제 강제철거가 시작될 것이라든가, 또는 곧 전기를 끊는다든가 수도를 끊을 것이라는 소문에 이르기까지 매우 다양하다. 이러한 소문이 한 바퀴 돌 때마다 부동산 가격은 오르거나 떨어지며 매매는 활발해진다. 지역주민의 입장에서 보면 이는 시장원리에 따라 진행되는 재개발사업의 피해에 지역주민들이 소극적으로나마 대응하는 일종의 생활합리적 전략 또는 방편이라고 볼 수 있으며 참여조합이나 재개발추진위원회측에서 보면 철거를 유도하는 방책일 것이다. 그리고 부동산업자측에서 보면 매매를 활성화시키는 기회인 것이다.

세입자운동은 시장기제에 의한 이주철거에 맞서는 유일한 조직적 대응이었다. 강제철거가 시작되기 전까지는 세입자운동과 시장기제라는 두 가지의 상이한 움직임이 서로 상호작용하면서 재개발과정은 지체와 촉진의 과정을 반복했다. 시장기제에 의한 철거가 한계에 달했을 때 동원되는 또 다른 기제는 공권력을 동원한 강제철거이다. 실제로 이 지역에서도 1988년 11월에 폭력적인 강제철거가 있었고 1989년 5월과 6월에도 물리적인 강제철거로 많은 잔존가구들이 떠났다. 이 과정에서 이주가 용이한 또는 가능한 세입자 가구는 빠져 나간 반면 경제적 여건상 이주가 거의 불가능한 가구들만이 강제철거의 위협을 예상하면서 잔류하게 된다. 즉 강제철거의 위협 속에서도 가능한 최대한의 수혜를 확보하고자 하는 가구들만이 남게 되었으며 세 차례의 강제철거 이후 마지막까지 남았던 세입자 가구들도 대부분이 이 지역을 떠났다. 경찰의 공권력에 따른 강제철거 이전과 이후에 아파트 분양권이나 세입자 딱지의 가격은 등락을 거듭함으로써 시장기제와 강제철거는 보완적 기능을 수행했다.

III

불량촌의 생활공간과 생계기반

1. 주거공간

사당동 재개발지역은 처음 정착 당시 산허리를 깎아 계단식으로 지어 축대가 많으며 집들은 80~90%가 지은 지 20년 이상 또는 20년 가까이 되는 블럭집이어서 붕괴위험이 도처에 도사리고 있었다. 더욱이 재개발 소문이 있고부터는 보수를 제대로 안했기 때문에 이러한 위험이 가중되었다. 외부인들이 투기를 목적으로 사서 세를 놓고 있는 집들도 많아 작은 보수조차도 집주인이 해주지 않기 때문에 대부분 축대가 기울거나 금이 가 있고 집벽에 금이 간 경우도 많지만 그대로 방치된 상태였다. 해빙기 또는 폭우가 쏟아지는 여름철이면 이 골목 저 골목의 축대나 층계가 무너지는 '작은 사고'는 다반사이며, 집이 통채로 무너져 내리는 등 상당히 '큰 사고'도 수차례 있었다. 조사원이 상주한 첫 8개월 동안에도 집이 무너지는 사고가 5건이나 된다. 그러나 역설적으로 이곳 사람들은 "아이들이 자기들끼리 노는 데 서울시내에서 이곳 만큼 안전한 곳도 드물 것"이라고 했다. 가파른 층계가 위험하기는 하지만 자동차도 안다니고 유괴위험도 없기 때문이다. 방도 좁고 놀이터나 장난감도 별로 없는 이곳 어린이들에게 있어 이 지역은 온 동네가 하나의 놀이터라고 해도 과언이 아니다. 어느 날의 현장 일기에는 이런 기록이 있다. "3세인 선희는 혼자 논다. 소방도로(이 동네에서는 가장 넓은 도로)에 눕기도 하고 손을 신발에 넣어 기어 다니기도 하면서. 아줌마는 쥐치포를 찢으며 한번씩 시선만 준다." 이러한 묘사는 이 지역의 골목 풍경을 그대로 보여줄 뿐 아니라 이 지역의 생활공간을 단적으로 보여주는 것이다.

이 지역의 주거공간은 '무허가정착지'나 '불량주거지'라는 사회적 범주로 규정되고 있고 이 지역에 사는 아이들은 국민학교 상급학년만 되면 친구들에게 집을 가르쳐주지 않으며 친구들을 집에 데려오는 일이 없다. 청소년들은 친구들에게 재개발지역에 산다는 것을 숨기고 싶어하고 가능하면 빨리 '이런 곳'을 벗어나고 싶어한다. '이런 곳'을 벗어나고 싶어하는 이유는 이 지역이 가지고 있는 '구질구질함'이 싫어서이기도 하고 좁은 골목, 좁은 집, 좁은 방이 싫어서이기도 하다. 이들이 부모에게 하는 가장 큰 불평 중의 하나가 '방'이다. 이 지역주민들에게 있어서 주거공간은 곧 지출을 극소화시키는 생계전략의 대상이며 또한 수입을 늘리는 수단이다. 조사지역 가옥의 대지는 분양 당시 가구당 10평씩이었기 때문에 중간에 옆집 대지를 사들여서 넓힌 예외적인 경우를 제외하면 거의 모두 10평이다. 이 10평에 건평 7~8평짜리 방이 2~3개 또는 이층으로 올린 경우도 있다. 이 지역 자가소유자들에게 방세는 주요한 수입의 원천이며 약간이라도 공간이 나면 방을 만들어 냈다. 이 지역의 1가구가 사용하는 방의 수는 평균 1.6개이다. 자가소유 가구는 2.2개, 전세 가구는 1.5개, 월세 가구자는 1.2개로서 세입자들일수록 적은 수의 방을 쓰고 있다. 방의 수에서만이 아니라 사용하는 방의 평수도 자가소유 가구는 4.6평, 전세는 2.9평, 월세 가구는 1.8평으로 차이가 난다. 가구별 가족수는 자가소유 가구나 세입자간에 차이가 없음에도 불구하고 세입자들이 사용하는 방의 수효나 평수가 작은 것은 이들이 주거공간을 줄여 생활비를 줄이고 있음을 보여주는 수치이다.

그러나 주거상태나 조건에 관한 한 자가소유 가구나 세입자 가구간에 거의 차이가 없다. 이 지역에서 가장 잘 산다고 볼 수 있는 A씨는 20평 정도 되는 자가를 소유하고 있는데 이 중 10평 정도에서 쌀가게와 연탄가게를 하며 나머지 10평을 부부와 장성한 아들 둘 등 4식구가 살림집으로 사용하고 있다. 잘사는 편인 Q씨도 20평짜리 자가를 가지고 있는데 이 중 한 칸은 전세를 내주고 길가에 면한 출입구와 방 2개를 사용하는데 출입구는 1.8평 정도로 Q씨 부인이 미장원을 하고 방 하나에서는 Q씨 부부와 중학교에 다니는 아들 둘이 함께 거처한다. 다른 방에서는 처제가 해산하러 와서 갓난아이와 지내고 있다. 부엌에는 하수구나 수도가 없어 미장원에 설치된 수도를 이용하며 화장실은 도로변 공중변소를 이용하고 있다. 이 지역에서 괜찮은 편인 U씨 가구도 전세로 독채를 얻어 방 한 칸을 월세주고 방 한 칸에서 U씨 부부와 자녀들이 기거하며 마루에서는 처남이 기거한다. 마루에는 양복지가 놓여 있어 부엌문을 이용해 방안에 들어가는데 그 문의 크기가 가로 60cm × 세로 1m 정도여서 일곱 살짜리 아이들조차 이마를 자꾸 다친다. 부엌에 수도와 하수구가 있으며 화장실은 대문에서 10m 떨어진 곳에 사람이 움직이기조차 힘들 정도로 공간이 좁다. 월세 가구들의 경우는 주거상태는 비슷하나 보다 경제적으로 열악해서 거의 단칸방이며 방도 더 좁다. H씨 가구는 한 집에서 18가구가 세들어 사는 집 중의 하나로 집주인이 다른 사유지에 살고 있어 그 집 1,2층을 관리를 하고 있다. 방은 1.4평으로 좁으며 H씨와 부인, 자녀 둘이 함께 기거하므로 더운 여름에는 H씨가 부엌에서 잔다. 부엌에는 약 1m 70cm 정도의 높이에 선반을 달아 잡동사니를 놓아 둔다. 겨울철에는 가스배출기가 없어 부엌에 연탄냄새가 배어 있으며 하수구나 수도가 설치되지 않아서, 설겆이, 세면, 빨래 등은 마당에 나와서 해야 된다. 수도는 1층 마당에 설치되어 2층 수도물까지 조정하므로 물의 수요가 많을 때면 1층과 2층의 싸움이 자주 일어나는 집이다. R씨 가구는 4년 전 보증금 50만 원에 월세 5만 원으로 들어왔으나 월세가 밀려 보증금 없이 살고 있다. 2층 방 한 칸에서 R씨 부부와 딸 넷이서 사는데 부엌은 있으나 하수구나 수도가 없어 물을 2층까지 들어올려 사용하며 사용한 물은 1층 하수구까지 가지고 와서 버린다. 화장실도 1층에 있어 낮에도 요강을 이용하는데 6세 딸은 항상 대변을 종이에 싸서 버린다.

이 지역 주거공간의 특성은 물론 협소하다는 점이겠지만 그러나 무엇보다도 미분화된 또는 미분리적 공간구성을 보인다는 점이다. 주거와 일터의 구분이 없고 물론 일터와 소비나 오락의 장도 분리되지 않는다. 즉 이들의 좁은 방은 주거공간만이 아니며 작업장이기도 하고 부엌이 출입구를 겸하고 있는 경우가 대부분이며 입구를 겸한 부엌에는 수도와 하수구가 설치되어 있고 부업이나 행상을 하는 경우 부엌은 창고의 역할도 한다. 이 지역 여성 대부분은 파출부, 가내부업, 행상 등의 직업을 가지고 있는데 나이 어린 아이가 있거나 자기살림을 하면서 생활비를 보태는 일을 원할 경우는 가내부업을 한다. 큰 재봉틀이 방 한 가운데를 차지하고 있어 조그만 방이 거주공간이 아니라 작업장으로 보이는 경우도 드물지 않다. 학교다니는 아이들은 많지만 책상이 있는 집은 거의 없다. G씨의 국민학교 2학년짜리 아들은 책상에서 숙제하는 것이 소원이지만 G씨의 방은 2평도 안되기 때문에 책상이 차지할 수 있는 공간이 없다. 이처럼 아들의 일상생활은 좁은 생활공간과 그 공간이 주는 제약에서 벗어나지 못한다.

2. 일상생활과 가족관계

이 지역의 거주공간은 전연 개인의 수준에서도 가족의 수준에서도 프라이버시가 없다. 더욱이 가능한 한 조금이라도 세를 많이 받으려고 조그만 공간만 있으면 방수를 늘려 집이 닥지닥지 붙어 있고 도시구획과는 거리가 먼 무허가정착지인 만큼 골목은 사람이 비켜 다니야 할 정도로 좁다. 그리고 방 벽들이 베니어 합판 등으로 되어 있어 기침소리까지 다 들리기 때문에 사생활이 없으며 한 집에서 밤늦게까지 TV를 켜 놓으면 옆에 세든 사람들은 밤잠을 설치는 것이 보통이다. 또 대부분이 방 한 칸에서 살기 때문에 부부관계도 매우 제약되어 있다. 때로는 대낮에 일을 안 나간 부부가 용돈을 주어 어린 자녀들을 내보내면 옆집 여자들이 모여 수군대는 광경은 이 지역에서는 드문 일이 아니다. 30~40대의 부부가 중·고등학교 다니는 자녀들과 한 방을 쓰며 자녀들 중에는 저녁 늦게까지 집에 안 들어가고 거리를 배회하는 일이 매우 흔하다. 중·고등학교 연령층의 가출이나 빠른 취업은 이러한 협소한 주거공간과 무관하지 않다. 이들의 가족구성은 확대가족인 경우도 상당수 있는데 부부와 자녀 및 장모가 함께 사는 경우나, 혼자된 여성 가구주와 중·고등학교 다니는 아들, 그리고 친정아버지가 한 방을 쓰는 경우들이 예외적인 일이 아니다. 혼자된 K부인의 경우 70대의 친정아버지, 고등학교 다니는 아들 둘 등 4명이 1.8평짜리 방에서 함께 살고 있다. Y씨는 대지 10평에 1.8평짜리, 2.3평짜리, 2.1평짜리 방이 셋이 있는 집에 세들어 산다. 세 가구가 각각 방 한 칸씩에 세들어 살며 Y씨는 이 중 1.8평짜리 방에 세들어 산다. 식구는 Y씨 부부와 Y씨의 장모 및 자녀 2명 등 5명으로 여름철에는 장모와 큰아들은 마루에서 자고 겨울철에는 전식구가 좁은 방에서 칼잠을 잔다.

이 지역주민들이나 자녀들의 가족형성은 비교적 일찍 시작된다. 자녀들은 생계의 해결을 위해 일찍 집을 나오는 경우가 많으며 주거비와 식비를 절약하기 위해 동거부터 시작하여 가족형성을 시작한다. 이 지역에서 사실혼 부부의 정확한 통계를 잡는 것은 힘들지만 탁아소에서 만난 3~5세의 아이를 둔 어머니 15명 중 10명 정도가 사실혼 상태였다. 이는 다른 빈민지역도 마찬가지로 알려져 있다. 이들에게 결혼 전 동거는 거의 일상화되어 있다고 해도 과언이 아니다. '잠잘 데가 없거나', '밥먹을 데가 없는' 젊은 남녀가 만나면 그날로 동거에 들어가기도 한다. 그러나 조사지역에서 만난 사실혼 관계에 있는 젊은 부부들의 결혼이 꼭 불안정한 것만은 아니다. 생활이 어려워서 몇 번씩 유산을 하기도 하지만 애를 낳고 결혼식을 올려 동거 몇 년 뒤에는 이른바 정상적인 가족의 모습을 지닌다. 이들이 곧바로 동거에 들어가는 것이 성관계를 갖기 위해서만이라고 보기도 힘들다. '우리는 둘이 다 별로 밝히지 않아요. 한 달에 1번이나 2번쯤 같이 잘 뿐"이라고 털어 놓기도 한다. 이들은 생계해결을 위해 동거도 하고 유산도 하고 애 보면서 일도 하고 싼 집을 찾아 이사도 하고 아파도 병원에 안 가는 생존전략을 짜내며 산다. 조사지역에서 보면 결혼식을 안 올린 채 동거에 들어간 자녀를 둔 부모들의 경우에도 이를 크게 문제 삼지 않는다. 자녀들이 외지에 나가 돈을 벌기 시작하면 경제적으로 부모 가구와 분리되는 경우가 대부분이며 더욱이 동거가 시작되면 경제적 연계는 대체로 단절된다. 부모들 또한 "저들 살기도 뭐한데…"라면서 단념하는 눈치다. 따라서 수입이 있는 자녀와 부모가 경제적으로 단일 가구를 형성하는 기간은 매우 짧다.

이 지역의 가족관계가 다른 계층의 가족관계보다 특별히 원만하지 않다고 말하기는 힘들다. 그러나 조사지역에서 보면 아버지와 자녀관계가 좋은 경우는 매우 드물며 딸과 아버지의 관계가 좋은 N씨 가구 같은 경우는 매우 드물어 이러한 가구들은 동네에서 다 알고 손꼽을 정도이다. 반면 아버지와 싸워서 가출한다거나 아버지가 자녀를 구타한 경우들은 매우 흔하다. 어머니와 자녀들은 비교적 가까운 편이며 특히 어머니와 딸은 예외적인 경우가 있기는 하지만 가까운 편이다. 이 동네에서 비교적 가족관계가 원만하고 부모-자녀, 형제-자매관계가 모범적이라고 할 수 있는 O씨 가구의 경우에도 아버지와 자녀는 가깝지 않고 거의 대화도 없다. 국민학교 중퇴인 아버지는 딸이 중학교에 가고 아들이 고등학교에 가면서 자녀들과 거의 대화를 끊은 채 집에 돌아오면 저녁먹고 TV 보고 그만이다. 중학교에 다니는 딸은 방 하나에서 아버지와 오빠와 함께 자기 때문에 이들을 더욱 기피하며 오빠는 고등학교에 가면서 담배를 피우고 밖으로 돌아다녀 더욱 거리감을 갖는다. 그러나 오빠가 고등학교를 그만두고 취직하겠다고 나섰을 때는 매일 울면서 오빠를 설득하고 어머니와 함께 학교를 찾아가기도 했다. 이 지역에서 부부나 부모-자녀, 형제-자매의 관계는 좁은 공간에서 맞대어 살기 때문에 매우 친숙한 듯 하지만 싸움이 잦고 긴장에 싸여 있다. 무능한 아버지에 대한 원망과 동정, 온종일 노동하고 집에 없는 어머니에 대한 반감과 연민, 잠자리를 펴면 한 치 두 치를 두고 서로 좁으니 넓으니 하고 싸우며 멸치 볶음 한 수저를 놓고도 싸우는 형제 자매들의 관계는 가깝고도 먼 관계이다. 형제나 자매관계를 살펴보면 남매간의 관계는 비교적 가깝지 않으며 형제와 자매들은 가까운 편이다. 그러나 결혼을 하거나 취직을 하여 집을 나가게 되면 소원해진다. 가족해체가 빨리 오는 빈민 가구에서 형제 자매의 관계도 빨리 소원해지는 경향을 보인다. 실제로 이 지역에서 결혼한 자매들이 돈을 빌리면 이자를 쳐서 주고받는다든지 돈 때문에 싸워 형제끼리 왕래를 안하는 경우가 드물지 않다.

이 지역에서 해체위기에 있거나 해체된 가족들도 상당수 있다. 일용노동,

잡부, 행상 등 열악한 조건에서 강도 높은 노동을 해온 빈민 가구의 남성 가장들이 질병으로 일찍부터 무능한 상태에 빠지거나 사망하는 경우가 매우 흔하며 조사지역에서도 많은 가구들이 이러한 모습을 보여주었다. 빠른 경우는 남성 가장의 사망이나 질병사고가 30대 초반에 일어나며 이 경우는 자녀들이 생계에 전혀 도움을 줄 수 없는 나이여서 혼자된 여성 혼자 생계를 전담하게 된다. 빈민 가구의 생계는 남성 가장 혼자서 책임지는 경우가 드물고 그 배우자가 함께 꾸리는 가구가 많은데 남성 가장이 사망할 경우 그 배우자가 수입을 배가할 수 있는 방법이 거의 없기 때문에 주거 조건, 식생활 등 지출을 더욱 극소화하는 방법만이 가능한 생존전략이 된다. 남성 가장이 사망하면 대개 전세에서 사글세로 옮겨 가고 남은 가구원들은 노동시간을 연장하며 식생활비까지도 줄여 나간다. 이러한 상황에 처한 여성들은 친정이나 시댁도 대부분 가난하기 때문에 어느 쪽에도 생계를 의탁하거나 도움을 받을 수가 없는 형편이며 오히려 친정 노부모의 짐을 지게 되는 경우가 더 많다. 즉 갈데 올 데 없게 된 빈민가족의 노인들이 혼자된 딸에게 노후를 의탁하는 경우가 드물지 않다. 이는 빈민가족에 대한 사회적 지원 체계가 없는 경우 그러한 가족의 여성들이 어떠한 짐을 지게 되는가를 보여주는 좋은 사례이며 이들 빈민가족이 모중심 가족의 특성을 가지고 있기 때문이라고 보기는 힘들다.

이들 가구들에서 성역할의 구분이나 성차별은 비교적 엄격하다. 많은 여자들이 생계를 위해 일을 하지만 남자들이 부엌일을 거드는 일은 흔치 않고 돈을 못 버는 남편일수록 부엌일을 거드는 경우가 드물다. 또한 아들과 딸은 매우 차별적으로 키워진다. 취학 전에 여유가 있으면 아들은 유아원이나 유치원을 보내지만 딸은 보내지 않는 경우가 많고 딸은 국민학교만 들어가도 일나간 어머니를 대신해 집안일을 거들며 좋은 물건이나 음식은 거의 아들 차지다. 오빠 점퍼를 빌려 입은 여동생은 재수 없이 여자애가 오빠 옷을 입었다고 어머니에게 야단을 맞기도 한다. 이러한 차별성은 가족의 생계가 위기적 상황에 처한 경우 더욱 분명하게 드러난다. 생계가 어려워진 가족들은 아들보다는 딸을 보다 쉽게 노동시장에 방출하며 딸들에게 집에 남아 가족생계를 책임지도록 요구하기도 한다.[11] 즉 이들의 사회화는 흔히 생각하는 여성의

11) 조 은, 1990, pp. 177~206 참조.

성역할 사회화와는 모순되는 것이며 사실상 '여성다움'의 사회화와는 무관한 것이다.

3. 생계전략과 기반

이 지역 거주자들이 집세가 더 비싼 지역으로 옮겨 가는 일은 드물며 일단 이 지역에 들어 온 경우 외지로 이사해 나가는 일이 많지 않다. 특히 세입자들은 동네 안에서 자주 이사를 한다. 생활형편이 좀 나아지면 큰 방이나 교통이 나은 아랫동네로 이사하고 생활형편이 나빠지면 더 작은 방이나 더 높은 곳으로 또는 전세에서 월세로 옮기기 때문에 자주 이사를 하지만 이 지역을 떠나는 경우는 흔하지 않다. 더욱이 이들의 주거공간은 곧 생계의 기반인 경우가 많기 때문에 이 지역을 떠나는 일은 쉽지 않다.

이 지역 가구의 대다수는 가구주가 계절적 취업이나 불안정한 일일노동자가 대다수여서 소득 불안정을 극복하고 고용기회를 극대화할 수 있는 취업 및 고용관계 연결망을 자연스럽게 발전시키고 있으며 생계유지가 가능한 전 가구원의 노동에 의존한다. 이 지역주민들은 일년 내내 같은 곳에서 같은 일을 하는 경우는 별로 없다. 일생 동안 수십 차례 일자리를 옮기며 1년에도 몇 번씩이나 일을 바꾼다. 이는 남자나 여자나 별로 차이가 없다. 고등학교를 중퇴한 L양은 5개월 동안 근처 소규모 영세공장공원 1개월, 가게점원 1개월, 봉제공장점원 2개월, 그리고 다시 가게점원 등 4번이나 바꿨다. 노동판잡부를 하는 I씨는 해본 장사만도 10가지가 넘는다. 야채장사, 과일장사, 콩나물장사 등 이 장사 저 장사 하다 망한 뒤에는 자갈 깨는 일, 주철공장, 방수 등등을 해왔다. 노동판잡부가 되어 사당동으로 이사온 뒤에도 네 번이나 일을 바꿨다. 이곳에서는 "어디 일할 데 없느냐?" "나 좀 일가게 해주라" 등등의 말을 스스럼없이 한다. 또 이웃이 하는 일을 따라 하는 경우가 많다. 이렇게 1년에도 몇 번씩 일자리를 찾아야 하는 이들은 누군가의 도움을 받는다. 이는 이웃, 이웃의 친척, 동네 사는 친척, 친척의 이웃, 전에 일터에서 만난 사람 등등 다양하다. 이는 고용구조에서 불안정하고 불리한 위치에 있는 이들의 일종의 생존전략 체계이다. 건설업관계 일용노동 연결망은 주로 남성 중심이며 여성들의 경우는 가내하청업 연결망이 보다 대표적이다. 노점상이나 기타 서비스업 연결망은 일용노동 연결망이나 가내하청업 연결망보다는 덜 유형화되어 있지만 어떤 경우는 치밀한 연결망이 형성되어 있다.

(1) 건설업 중심 일일노동 연결망

남자들의 건설업 중심 일일노동 연결망은 이 지역에 사는 몇 명의 십장을 중심으로 구성되어 있으며 이 지역 일일노동자들의 절대다수는 이러한 연결망을 통해 매일 일자리를 얻는다. 이들의 고용연결망은 타일가게라든가, 철물점 등 건축자재가게를 중심으로 한 경우도 있으나 일용노동시장을 통하는 경우가 보다 지배적이다. 그리고 이 노동시장의 형성 자체가 이 지역내 이웃관계에 기반한다. 이 일용노동시장은 지역입구의 큰길가 극장앞에 서며 매일 새벽 5시에서 7시 사이에 노동 품을 파는 사람들이 이곳에 모인다. 이 시장은 몇 명의 십장을 중심으로 한 고정팀과 그때그때 필요에 따라 당일 노동계약을 맺는 비고정팀으로 나누어 구성되어 있으며 겨울철에는 공사가 없으므로 서지 않는다.

이들 연결망을 보면 〈그림 2〉에서 보는 바와 같이 사당극장 근처 로터리를 중심으로 5~6명의 십장(●표시)이 중심이 되어 비교적 고정적인 팀을 구성한 기술자와 잡부가 모인다. 각 고정팀에는 10~30명 정도가 모이며 성수기에는 50~80명이 모이기도 한다. 또한 팀장이 얼마나 일을 많이 맡았느냐에 따라 그 규모에 차이가 난다. 비고정팀이 모이는 로터리 ①에는 지속적으로 나오는 로터리 일꾼과 그날 일거리가 없는 고정팀의 일용노동자들이 보통 150여 명, 성수기에는 250여 명이 모인다. 고정팀은 십장을 중심으로 비교적 고정적으로 일용고용이 확정된 경우로서 1986년 조사 당시 일당이 기술자는 1만 6,000~1만 7,000원 잡부는 1만 2,000~1만 4,000원이며 당일 노동계약을 하는 불안정한 비고정팀에 비해 임금이 약간 싸다. 비고정팀은 최소한 일당이 1만 7,000원이며 일의 강도가 높거나 일손이 급히 필요한 경우에는 그 이상도 가능하다. 고정팀원 중에서도 십장이 일을 충분히 못 맡아 일자리가 없으면 비고정팀에 와서 일자리를 구한다.

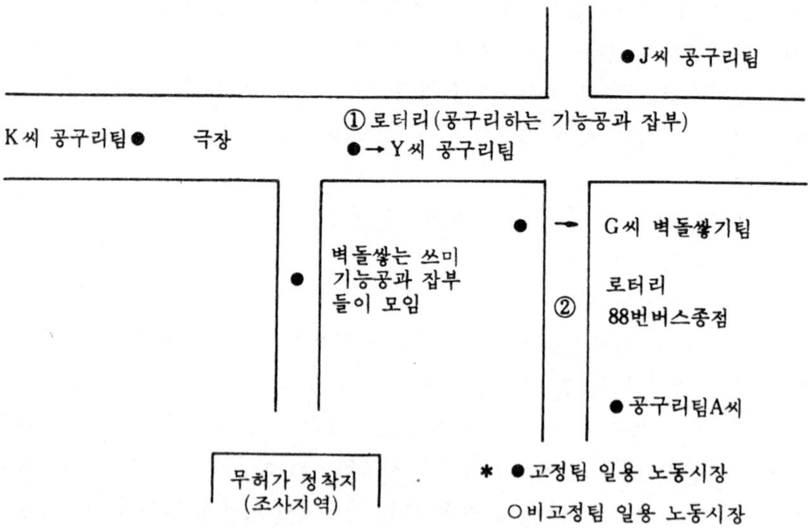

〈그림 2〉 조사지의 일용노동시장

보통 이들은 새벽 5시에 나와 6~7시 정도에 그날 일거리가 결정되며 안되는 경우는 9시 정도까지 기다린다. 사당극장으로부터 한 블럭쯤 떨어진 88번 버스 종점에도 이보다 작은 규모의 노동시장이 있다. 이 두 개의 일용노동시장에서 소화되는 노동력은 하루 평균 약 500명에서 700명 선으로 추정되며 성수기에는 1,000여 명을 넘어선다. 이 지역 가구주의 60%에서 70%가 건설관계 일용노동자라고 볼 때 이들 중 대다수는 이곳의 일용노동시장을 활용한다고 할 수 있다.

건축관계 일용노동은 십장(오야지), 십장대리(세와), 기능공, 잡부(데모도)들로 팀을 이루며 이들은 이러한 노동시장 외에도 작업장, 이웃관계, 인척 등을 통해 일을 얻는다.[12] 예를 들어 사당극장 일용노동시장의 5~6개의 고정팀 중 큰 팀 중의 하나인 Y씨 팀의 구성, 그들이 함께 일하게 된 경로, 그리고 팀내의 기능을 살펴보면 다음과 같다. 이 팀은 10여 년 전 건설노동

12) 건설일 현장에서는 아직도 일본어 용어가 그대로 쓰이는 경우가 많아 그들이 쓰는 용어대로 표기했다.

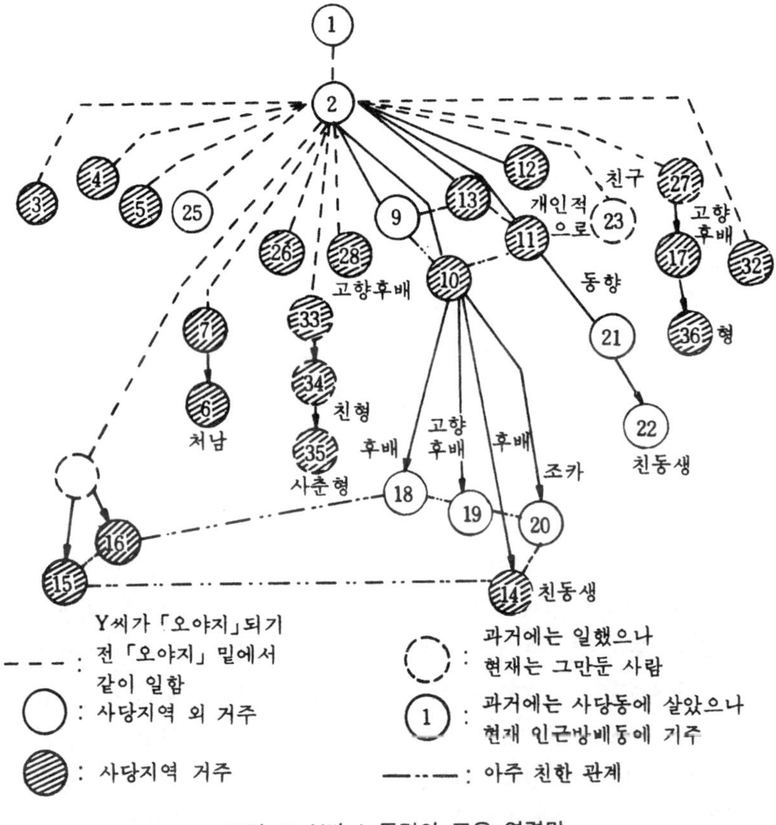

〈그림 3〉 Y씨 노동팀의 고용 연결망

중 특히 공구리치는 일을 맡는 공구리팀으로 출발한 이 지역에서 가장 오래된 건설노동팀 중의 하나다. 팀 구성원은 조사 당시 대략 36명인데 3~4년 전만 해도 100명이 넘을 정도로 큰 팀이었다. 최근 펌푸카, 레미콘, 루인찌 등 공구리치는 일과 관계된 작업의 기계화로 필요인원이 점차 줄어들었다.

팀 구성원의 배경과 연결망을 보면 36명 중 22명이 사당 2, 3동 거주자이며 나머지는 인근 상도동, 봉천동, 방배동도 있지만 몇 명은 가리봉동, 미아리 등 멀리 떨어진 곳에 사는 사람들도 있다. 멀리 떨어진 곳에 사는 사람들은 연결망에서 보여지듯이 이곳에 산 적이 있거나 전에 십장과 함께 일한 경험이 있거나 팀 구성원과 인척관계에 있는 사람들이며 그 외에는 모두 이곳 인근 거주자들이다(그림 2).

일용노동시장 해체 후 날씨가 추워지기 시작하는 11월초부터는 서서히 건축일이 줄고 일용노동시장의 기능도 약화된다. 12월부터는 노동시장이 해체되어 3월초까지는 일용노동시장은 서지 않는다. 따라서 고정 건설노동팀들도 해체될 수밖에 없다. 그러나 이들은 이러한 기간에도 대체로 같이 어울리면서 노동정보를 교환하고 가능한 한 날일들을 맡아 한다. 이 동네에서 사는 이점 중의 하나는 비성수기에도 이러한 연결망을 통해 날일을 비교적 쉽게 얻을 수 있다는 점이다.[13] 즉 이곳의 이웃관계는 끊임없이 일을 구해주고 구해받는 관계이다. 여기서 오래 노동일을 한 X씨는 이 동네 건설노무자 90%의 얼굴을 안다고 할 만큼 서로 연결되어 있다.

(2) 가내하청업 연결망

일용노동시장이 이 지역의 전형적인 남성 위주의 취업관계 연결망이라고 한다면 가내하청업 연결망은 이 지역의 전형적인 여성취업관계 연결망이라고 할 수 있다. 동네 어귀에 들어서면, 'OO부업', 'XX부업 거리 있음' 등의 시험지만한 광고들이 전봇대나 벽에 수시로 붙어 있다. 이곳에 처음 이사 온 경우 이러한 광고를 보고 쉽게 이웃에서 일자리를 찾기도 하고 또 여기서 조금만 살면 곧 이웃들을 통해 여러 가지 부업에 대한 정보를 알게 된다. 어느 하청업주가 '마음씨가 괜찮고 신용이 있는지' 또는 어떤 부업들이 있는지 곧

13) 예를 들면 Y씨 노동팀에서 일하던 김XX 씨는 이 노동팀이 해체된 10월 22일 이후에는 로터리 노동시장에 나가 10일 중 5일은 일거리를 얻어 하루에 1만 7,000원 또는 2만 원을 벌 수 있었다. 더 이상 노동시장이 서지 않게 되자 옆 방에 세들어 사는 사람의 이종사촌형 소개로 을지로 빌딩공사에 나가 하루 1만 원씩 받으면서 13일 동안 일했다. 이때 같이 일하던 '공구리'팀 2~3명을 같이 데리고 갈 수 있었다. 11월 중순이 되자 더 이상 실내에서 하는 건설노동도 드물게 되어 놀게 되었는데 이웃에 사는 J씨가 모 건설회사 현장 소장이 친구라면서 소개를 해주어 일당 9,000원에 이틀간 나갔다. 그러나 이야기할 친구도 없고 일당도 약해 그만두고 나왔다. 다시 옆 방 사는 이웃의 친척 소개로 큰 공사장에 한 달간 일을 나가기로 했으나 일이 잘 안되어 또 다른 장소에 일자리를 구하려고 추진했으나 계속 안되었다. 이럴 때는 이웃의 친구, 친척 등이 모두 나서 일자리를 찾아봐 준다.

알게 된다. 웬만한 규모의 계는 대체로 이러한 부업 소개집을 중심으로 하며 친목관계도 이를 중심으로 형성된다.

업종은 다양하며 이러한 다양한 각종 업들이 몇 집을 중심으로 하청업체의 성격을 띠는데 여기서 일자리를 얻는 사람들은 가정주부로서 가내부업형식으로 일들을 한다. 하청업 중심 집들을 보면 이 지역 거주경력이 오래거나 거주경력은 2~3년 안팎이지만 안면이 넓거나, 부업경험이 많은 사람들이며 부업의 성격에 따라 (자본금이 많이 필요하다거나 특정 기술이 필요하거나, 또는 하청업체와 특별한 연줄이 있는 등등) 하청업 업주의 성격이 다르며 또한 구성팀도 달라진다. 이 지역 여성부업 연결망도 이웃관계가 중심이며 친척, 교인관계 등 어떤 '안면관계'가 기반이 된다. 그러나 여기서 친척이나 교인관계 등이 특별한 의미를 지니지는 않는다. 이 조사지역에서 비교적 기반을 굳힌 N부인의 '가죽오려붙이기'의 연결망을 예로 들어 보자. N씨는 부업을 하기 위해 이 지역으로 이사왔으며 1986년 11월 현재 13명이 일하고 있는데 한겨울에 다른 부업거리가 없으면 20여 명 이상이 참여하기도 한다. 명절과 김장철 등 가사일이 바쁠 때는 N씨 혼자하는 경우도 있으며 N씨 자신이 개인사정으로 일을 중지하기도 한다. N씨의 하청업은 물론 피혁상회, 가죽제품공장들과 연결되어 있으며 N씨와 이웃관계에 있는 부업자들이 다시 옛날의 이웃, 교인 등을 N씨 부업에 연결시키는 중개인역할도 한다. 이 고용 연결망의 성격을 보면 하청업주 N씨와 부업자, 그리고 교량역할을 하는 부업자들끼리는 계나 빚관계 등 다른 연결망이 중복되어 있다. 이들 부업자들이 N씨와 맺는 관계는 하청업주와 장외노동자들이 갖는 관계 이상은 아니며 '마음이 안 맞으면' 쉽게 관계가 끊어진다.

따라서 이들의 부업 연결망은 다른 사회적 관계로 연결되지 않는 한 매우 일시적이다. 이들의 관계가 얼마나 지속적이냐 하는 것은 이 연결망이 다른 사회적 연결망과 얼마나 중복적인가와, 대체할 만한 다른 더 좋은 일거리가 있느냐에 달려 있다.

또 다른 부업 연결망을 예로 들어 보자. 동네에서 '스웨터아줌마'로 불리는 부인 ㄱ씨는 인근의 하청업체로부터 일거리를 가져다가 본인도 하고 또 동네 사람들에게 나누어 주면서 약간의 이익금을 붙인다. ㄱ씨는 하청업체를 서너 군데 알고 있으며 이들 하청업체는 또 10여 개의 공장과 연결되어 있다. ㄱ씨는 중개상인의 성격을 띤 하청업체 A, B, C 등 세 군데에서 부업거리를 가져오는데 일거리를 얼마나 좋은 조건으로 많이 주느냐에 따라 수시로 거래관계가 바뀐다. 수출품이기 때문에 선적날짜가 한 날에 겹치는 수가 많으며 각 중개상인들은 자기가 준 물건들을 더 빨리 많이 해 달라고 조르거나 좋은 조건을 내거는 수가 많다.[14] ㄱ씨 밑에서 부업거리를 하는 사람들은 모두 이웃이며 보통 같은 골목에 사는 사람들이다. ㄱ부인은 이곳에 오기 전에도 가내부업으로 스웨터를 한 적이 있는데 8년 전 여기로 이사와서도 부업거리를 찾던 중 길거리를 지나다가 스웨터 부업거리가 쌓여 있는 집을 보고 찾아가서 일감을 부탁했다. 조금씩 몇 번 일을 해서 가져다 주니 솜씨가 있고 바느질이 꼼꼼하다는 것을 인정받아 그 부업의 업주 B부인이 일감을 많이 분담시키면서 '오야'를 하도록 권해, 본격적으로 부업 '오야'를 하게 되었다. 이를 소개해 준 B부인은 조그만 가내하청공장을 차려 인근 XX단지로 이사했는데 한동안 거래관계를 유지했으나 다른 데에 비해 하청비에 별로 차이가 없고 까다롭게 굴어 관계를 끊었다. ㄱ씨 주위에는 10여 명의 부업부인들이 있으며 이 중 4명은 같은 통에 사는 사람들이고 나머지 사람들도 모두 인근 통에 사는데 4명은 바로 이웃이고 나머지는 이웃의 소개로 안 사람들이다. ㅁ부인은 ㄱ부인의 옆 방에 살다가 인근으로 이사했으며 부업거리를 가져다 다시 그곳 이웃부인들을 모아 부업거리를 나누어 주면서 하는 작은 부업 '오야'가 되었다. 이들은 거의 매일 부업거리를 주고받고 때로는 한 집에 모여 같이하기도 하기 때문에 서로 친하며 돈을 버는 액수들도 비슷해 돈 거래가 잦다. 특히 반지계, 돈계 등을 해서 목돈을 마련하며 하청 '오야'를 하는 ㄱ부인은 계주이기도 하다. 따라서 이들은 부업과 계로 서로 엇물려 연결되어 있다(그림 4).

---

14) 이들 중개상인들은 또한 10여 개의 공장과 연결되어 있는데 이들 규모는 5~6인에서 100여 명까지 규모가 다양하며 모두 이곳으로부터 멀지 않은 곳에 있다. 중개하청업자는 봉고차로 물건을 나눠 주고 또 걷어 가며 대금은 2개월쯤 뒤에 주기 때문에 ㄱ씨나 ㄴ, ㄷ씨 같은 사람들의 경우 50~60만 원 정도의 자본금이 필요하다.

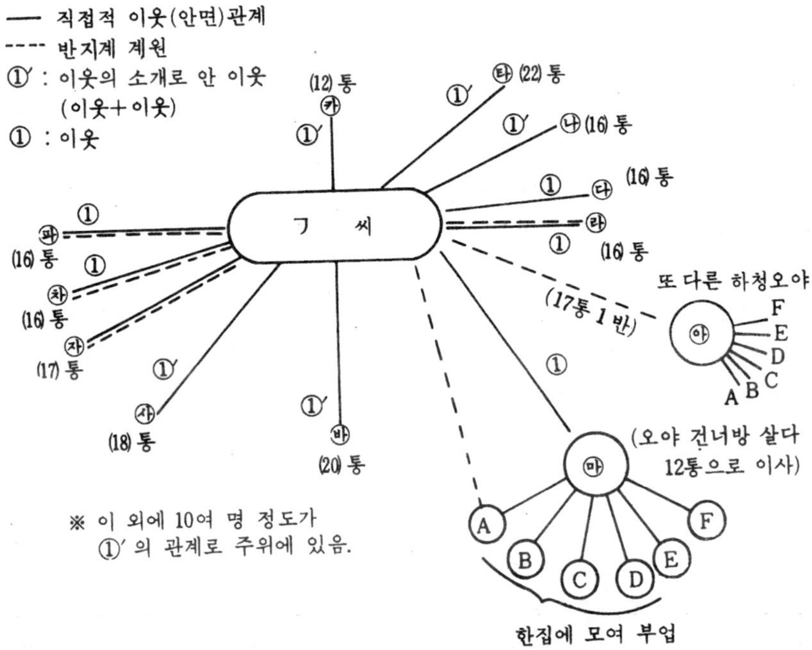

〈그림 4〉 ㄱ씨의 부업 연결망

(3) 노점상 및 기타 직종 취업 연결망

이 지역입구와 근처에는 노점상과 행상이 약 220여 개 정도 있는데 어떤 날은 210개, 또 어떤 날은 227개 등 20여 개 정도는 들쭉날쭉한다. 이 노점상 중에서 75% 정도를 여자들이 하고 있다. 이들이 장사를 하고 있는 곳은 노폭이 10m에 길이가 150m 되는 동네입구길로서 여기에 '리어카'손수레에서부터 좌판 2,3개, 심지어 함지그릇 1개를 놓고 장사하는 노점상들이 빽빽하게 들어서 있다. 이 길에 있는 노점상들은 5년 전까지만 해도 동네입구내의 시장주변에서 위쪽 무허가정착지에 이르는 골짜기에 있었으나 교통이 편리해짐에 따라 점차 큰길 쪽으로 뻗어 나와 이제는 큰 노점상중심가를 형성하고 있다.

노점상들의 70%는 사당 2동 무허가정착지에 살지만, 인근 사유지주택지나 방배동에 사는 사람도 20% 이상 되며 먼 곳에서도 이곳이 장사가 잘된다는 소문을 듣고 몰려 온 타지역 노점상들도 10% 안팎을 이룬다. 이들의 수입은 보통 A, B, C 세 등급으로 나누어 볼 수 있다. 먼저 A급은 리어카를 가지고 생선, 과일 등을 판매하는 노점상들로 보통 하루에 1만 원~1만 5,000원 정도의 수입을 올리며 그 중에는 1일 5,000원씩 납입하는 일수계를 하기도 한다. B급은 규모가 적은 리어카나 몇 개의 좌판을 놓고 장사하는 경우며 일일 수입은 5,000~7,000원 선이다. C급은 좌판 1,2개나 함지그릇을 놓고 장사하는 행상들로 수입은 3,000~5,000원 선이다. 그러나 이들의 수입은 기후조건에 따른 장사 일수의 감소, 구입해 오는 농수산물 가격의 상승이나 잘못된 구매 등으로 인해 고정적이지 못하며, 남에게 말해 주는 수입과 실제수입과는 상당한 차이가 있다. 또한 이 동네주민의 생활형편과도 관계가 깊어 학기등록 같은 때는 등록금 마련하느라 사람들이 물건을 사지 않아 전반적으로 장사가 안된다.

이들이 하는 장사품목은 고정적이지 않으며 계절에 따라 과일장사, 채소장사, 또는 호떡장사, 생선장사, 그리고 몇 가지 일용잡화 등을 번갈아 하기도 한다. 즉 노점상인들은 계절이 바뀌거나 명절 때가 되면 그때그때 상황에 따라 적절한 물품을 구입, 판매하는 것이다. 정월대보름중에 땅콩과 나물을 팔던 김씨는 여름에는 상추나 배추를 파는 야채행상인이다. 김씨는 만 4 년째 이곳에서 장사를 하고 있는데 지난 일년간 김씨의 장사품목을 보면 봄에는 땅콩 및 나물, 봄야채, 여름에는 포도와 옥수수, 가을 특히 추석을 전후해서는 과일, 그리고 김장 때는 배추와 무, 겨울에는 풀빵 등 계절에 따라 거의 2개월에 한 번씩은 품목을 바꾸었다. 이들이 처음 장사를 시작하는 과정은 대개 이웃이나 이웃에 사는 친지를 통해서 필요한 정보를 얻는다. 즉 요즘 어떤 장사가 좋은지, 어디서 하는 것이 좋은지, 장사밑천은 얼마나 들며 물건은 어디서 가져오는 것이 좋은지 등등이다. 예를 들면 최근 호떡장사를 하는 임씨네 부부는 남편이 다니던 청소부자리가 마땅찮고 부인이 파출부를 다니다가 주인 아주머니 하고 싸운 뒤 노점상하는 이웃 정씨 이야기를 듣고 호떡과 고구마 튀김장사를 병행해서 하기로 했다. 기술은 이 장사를 해본 적이 있는 둘째 동생 친구에게 배웠으며 장사를 시작하는 데 필요한 손수레, 튀김냄비,

호떡 만드는 팬 등을 22만 원에 구입했다. 이 돈 22만 원은 동네 반장 아주머니에게서 빌렸는데 이미 50만 원 이상 빚을 진 것을 안 이웃이 돈을 더 빌려주는 것을 꺼리지만 그래도 장사라도 시켜 돈을 벌어야 빚을 받을 수 있을 것 같으니까 빌려 주었다. 이들 중 장사가 잘 안되면 여자는 다시 파출부를 하거나 부업을 하기도 하고 남자는 건설노동이나 청소부자리를 구해 간다.

이들의 장사는 동네사람을 상대로 하기 때문에 동네사람과의 안면관계를 통한 단골의 확보 등에 장사의 성패가 달려 있다. 이곳에서 떡장사를 하는 할머니는 한 곳에서 장사한 지가 3년이 됐기 때문에 단골도 꽤 생겨 "먹고 살 만큼" 번다. 그러나 계원이나 아는 사람들이 사주기 때문에 외상거래가 많다. 동네 노점상 및 구멍가게를 상대로 과자도매상을 하는 박씨 아주머니의 경우도 마찬가지다. 박씨 아주머니는 이 지역에만 40군데의 단골을 가지고 있다. 이 일대에서 함지박이나 손수레에서 파는 과자, 쥐포, 초콜릿, 사탕 등은 모두 이 박씨 아주머니가 대주는 물건이다.

이들의 일과는 물건구입으로 시작된다. 새벽 4~5시경 집을 나서서 가락동 농수산물시장이나 노량진 수산시장에서 과일, 생선, 야채를 하루 판매분량 내지 2~3일 분량을 구입한다. 이들은 물건구입시 차를 같이 쓴다든가 또는 누가 대표로 물건을 떼와 나누는 방식으로 서로 돕기도 한다. 이곳 노점판매의 주요 품목은 생선과 과일이며, 생선상들의 경우 일정한 중개상인 몇 명이 물건을 떼다가 넘겨주기도 한다. 생선중개상인 김씨는 10여 년 전부터 이 일을 해왔으며 자신이 물건을 대주는 노점상인은 이 시장에서만 7명 정도라고 한다. 새벽에 물건을 건네주고 저녁에 수금을 하는 방식으로 운영해 가며, 그날 다 팔지 못했으면 며칠 여유를 주기도 한다. 노점상인들이 김씨로부터 떼어가는 물건은 보통 1인당 4~5만 원에서 30~40만 원에 이르며 받지 못한 물건대금도 10만 원에서 70~80만 원에 이르는 일정한 외상거래를 한다. 중개상인으로는 김씨 외에도 시장입구 쪽에 위치한 생선 노점상 10여 명을 대상으로 한 이씨가 있으며 이곳에서 과일상회를 하는 박씨 등을 들 수 있다. 그 외에도 노점상인들 중에는 물건을 연줄로 구입하는 경우가 많다.

이들의 노동시간은 짧게는 10시간에서 길게는 15시간이 되며 평균적으로 12시간 이상을 거리에서 보낸다. 이들은 점심식사 시간이 되어도 마음 놓고

자리를 떠나지 못해 가두에서 판매하는 400원짜리 수제비나 콩나물밥으로 끼니를 때운다. 장사하는 사람들끼리는 잘 아는 사이로 서로 농담을 하거나 잠깐 자리를 비울 때 장사를 대신 해주는 역할도 한다. 그러나 이들의 관계는 같은 계주 밑에서 일수계 등을 한다거나 일부 품목의 물건구입을 같이 하는 사람 외에는 특별히 조직화된 유대관계는 없다.

IV

도시빈민은 누구인가? : 사례 가구의 생활사

이곳에 살고 있는 사람들은 곧잘 "안해 본 것이 없다", "숟가락 두 개로 시작했다", "내 일생을 소설로 쓰면 몇 권이 될 것이다", "몸만 차고 나왔다"로 그들의 일생에 대한 서두를 시작한다. 평생을 가난과 싸워 왔음을 보여주는 말이다. 심층연구대상 가구의 생활사는 이들이 여기에 이르기까지의 삶의 노정을 생생하게 보여준다.

1. 서울 생활의 시작

심층연구대상 사례 가구의 생활사를 보면 A씨와 J씨를 제외하면 모두가 서울 생활을 무일푼으로 밑바닥에서 시작하고 있다. 서울 생활의 시작은 빈곤 때문에 시작되었고 또 이들의 서울 생활은 빈곤의 함정에서 벗어나고자 하는 끝없는 노력으로 점철되어 있다. 실제로 사례 가구 중 위에 언급한 2가구와 월남한 가구 그리고 가구주가 서울 토박이인 2가구를 제외한 17가구의 가구주 모두가 영세빈농 출신이다. 서울 토박이의 2가구는 아버지대에 이농하여 무허가정착지를 전전하며 자라왔다. 이들 빈농 출신들은 대도시에 먼저 나간 형제나 사촌 혹은 그보다 먼 친척이라도 '비빌 수만 있으면' 우선 그 연줄로 농촌을 떠나와 이 집 저 집에 얹혀 숙식을 해결하고 가게점원, 공원 또는 임시노동을 시작했다. 그들이 살던 농촌보다는 그래도 서울은 현금을 만질 수 있는 곳이고 그러한 매력이 그들의 무일푼 서울 생활을 시작하게 했고 또 지탱시켜 주었다. A씨와 J씨를 제외한 나머지 사람들은 누구나 예외 없이 가게점원, 공원, 일용건설노동, 행상, 청소부나 잡역부 등의 직업을 한 두 개 또는 거의 모두를 거쳤으며, 이들의 부인들은 일용건설노동 대신 파출부나 가정부의 경험을 가지고 있다. 부인들 중에 여공경험을 가진 경우는 G부인, I부인 등 30~40대 부인 2~3 사례에 불과한데 이들은 산업화가 본격화된 1970년대에 단신이농한 경우들이다. 단신이농의 경우는 돈이 좀 모이면 시골 부모나 형제들에게 보태 주는 것을 큰 낙으로 삼았다. 가장 최근에 이농하여 이곳에 정착한 M씨는 이들 서울 생활 시작의 전형적인 사례다.

올해 28세인 M씨는 국민학교를 중퇴하고 인근 도시에서 장사도 하고 염전에서 노동품도 팔아 보는 등 온갖 일들을 하다가 1985년 서울로 오게 되었다. 인근 중소도시인 W시에서는 하루 품값이 9,000원인데 서울 오면 1만 4,000원이란 말을 듣고 그곳에서 일하던 친구 셋이서 무작정 서울로 왔다. 믿는 곳이라고는 일행 중 한 명의 먼 친척뻘되는 형이 여기서 '큰 노동팀'에 있다는 것이었다. 가진 돈은 셋이 합해서 1만 원이 될까 말까 했다.

거처는 지방으로 자주 원정노동을 가는 그 형네 방을 같이 썼다. 마침 올라온 때는 건축경기가 좋고 성수기여서 한 달에 25일간 일을 할 수가 있어 한 달에 거의 30만 원씩 벌 수 있었다. 비성수기에는 고향에 내려갔다가 그 다음해 봄에 10만 원을 손에 들고 서울에 정착할 생각으로 올라왔다. 그러나 "우선 잘 데가 없어" 일을 시작할 수가 없었다. 전에 알았던 친구 형님이 보증을 서서 보증금 10만 원에 1만 원씩 내는 골방 하나를 구해 주었다. 여기서 자면서 다음날부터 당장 공사장에 나갔다. 지난 10개월간의 서울 생활을 통산해서 따져 보면 5월부터 11월까지 7개월 동안에는 220여 만 원의 총수입이 있었다. 이는 한 달 평균 23일 이상씩 일해 35만 원 정도의 수입을 올린 셈이며 이런 정도는 지방도시나 농촌에서는 생각하기 힘든 수입이었다.

돈이 모아지니 일이 힘든 줄도 몰랐다. 지출은 최소한으로 했다. 한 달에 쌀값 1만 5,000원, 전기세, 수도세 등으로 1만원, 부식비 1만 5,000원, 그리고 3~4만 원의 용돈 등 7~8만 원 내외로 썼다. 옷은 산 적이 없다. 방은 20만 원에 3만 원짜리로 옮겼다가 돈이 모이자 100만 원짜리 전세로 바꿨다. 아버지나 형님 등 집안식구들한테 2~3번에 걸쳐 10만 원씩을 보조했다. 수중에 10만 원이 남아 있으며 겨울에는 노동일이 없어 이 10만 원을 까먹는 일이 생기지 않기 위해 몇 푼이라도 벌어 보태기 위해 고물장사를 시작했다. 건설 노동일이 시작되는 3월까지는 어떻게든 버텨 볼 생각이다. 앞으로 몇 년 더 노동판에서 뛰어 돈을 좀 모아 장사 밑천을 할 생각이다.

이러한 시작은 이 지역 가구주 대부분의 일반적 경험이다. 시작을 가게점원에서 했느냐, 공원으로 했느냐, 노점상으로 했느냐, 또는 일용건설노동에서 했느냐 등등의 차이가 있고, 언제 서울에 왔느냐의 차이가 있을 뿐 빈손으로 출발한다는 점에서 이들의 서울 생활의 시작은 그 상황이나 성격이 비슷하다.

올해 47세인 O씨는 빈농의 4남 2녀 중 셋째로 가난 때문에 국민학교를 중퇴하고 농사품을 팔면서 10마지기 내외의 집안 농사일을 하다가 20살 때 먼저 상경한 형들을 따라 서울 생활을 시작했다. 서울역에서 과일장사로 첫 서울 생활을 시작해서 좀 되는가 싶었는데 자유당 말기로 경기가 안 좋아 다시 고향으로 내려갔다. 형 농사일을 거들다 3년여만에 다시 여동생네가 하는 가게를 같이 하기로 하고 상경했다. 5년간 열심히 일해 논을 2마지기 살 수 있었다. 그러나 같이 일하면서 돈을 벌어 몰래 논 2마지기를 산 사실을 안 여동생네와 사이가 안 좋아져서 그 집에서 나오게 되었다. 고모 소개로 결혼을 하고 시골에 사두었던 논을 팔고 방값 전세금 20만 원을 합쳐 260만 원에 용산에서 사과도매가게를 차리고 부인의 큰오빠를 불러 장사를 시작했다. 그러나 경험이 없어 1년만에 망했다. 다른 가게 주인들은 사과밭을 아예 사 버리는 '발떼기'를 하기 때문에 원가가 낮게 먹힌 반면 O씨는 충주, 대구, 예산 등지에서 '관떼기'만 하니 경쟁이 안되어 나중에는 데리고 있던 사람(한 명은 처남) 월급도 못주고 가게 보증료까지 까먹고 나오게 되었다. 그래서 20만 원에 전세를 살던 집에서 13만 원짜리로 전세방을 옮기고, 결혼반지와 아들 돌반지, 목걸이 등 가지고 있던 금붙이를 몽땅 팔아 8만 원을 만들고 가게를 처분한 20만 원을 합쳐 사당동으로 이사했다. 그 돈으로 방을 얻을 수 있는 곳이란 사당동 같은 불량주거지밖에 없었다. 10만 원에 방을 전세 얻고 나머지로 구멍가게를 시작했으나 길 건너편에 보다 더 큰 구멍가게가 있어서 1년만에 또 망해 버렸다. 방 값을 올려 달라고 하고 가진 돈은 없어 할 수 없이 근처의 형님댁 뒷방을 빌려서 3년 정도 살면서 주철공장에 취직했다. 더 이상 밑천도 없고 다른 길이 없을 것 같아 노임이나 받아 생활하기로 했다. 그러나 거기서 무거운 쇳덩어리를 들다 떨어뜨려 발을 다친 후 그만두고 놀다가 다시 잡일막노동 생활을 시작해 현재에 이르렀다. 이렇게 되자 O씨 부인이 길가에서 옥수수 등 먹을 것 장사를 시작했으며, 요즈음 이 동네 행상 및 구멍가게를 상대로 과자도매를 해서 생활을 꾸리고 있다.

2. 빈곤의 일상화

빈곤은 이 지역주민 대부분에게 일상적인 것이다. 특별한 출구가 없는 한 일상화된 빈곤은 그대로 지속된다. 사례 가구들의 고용상태나 수입 그리고 지출을 보면 분명해진다. 가구주의 직업은 일용건설노동자거나 노점상 아니면 청소부나 말단 사무직이나 잡직이다. 비교적 안정된 직장을 가진 것으로 알려진 E씨는 아파트 경비이고 J씨는 영세출판사 말단직원이며 S씨는 정부기관의 청소부다. 이들은 월 수입은 각각 21만 원, 45만 원, 24만 원이며 여기에 부인들이 가내부업으로 얻은 수입을 약간씩 보태어 생활을 꾸린다. 고정된 수입이 있어 크게 적자를 내지는 않으며 생활비의 지출은 최소화 전략을 쓴다. S씨 가구의 경우 S씨가 청소부로 월평균 24만 원의 고정수입이 있고 부인이 파출부 등으로 약 7만 원 정도를 벌어 월평균 31만 원의 소득이 있는데 매월 30만 원 정도를 생활비로 쓰고 있다. 이 중에는 14만 원이 곗돈이며 주식비 4만 8,000원, 부식비 2만 원으로 매우 빠듯한 생활을 하고 있다.

〈표 3〉 D씨의 월별 노동일수와 수입

(수입단위 : 천 원)

	3	4	5	6	7	8	9	10	11	12	1	2	합 계
일용건설노동	17	20	20	13	16	11	22	20	19	12	·	5	175
기타노동 (취로·고물상)	·	·	·	·	·	·	·	·	·	10	16	3	29
공친 날 ('데마치')	6	5	9	10	12	14	7	10	9	7	·	11	100
쉰 날(일기불순, 훈련, 명절, 개인적 사정)	8	5	2	7	3	6	1	1	2	2	15	9	61
노동일수	17	20	20	13	16	11	22	20	19	22	16	8	204
월수입	227	256	260	171	218	147	282.5	266	172	149	55.5	78.5	2,282.5

일용건설노동자 가구나 노점상 가구도 수입이나 소비형태는 비슷하고 고용이 불안정하기 때문에 적자 가구인 경우가 더 많다.

이들의 빈곤이 왜 지속될 수밖에 없는가를 이 지역에서 가장 흔한 일용건설노동자인 D씨 가구를 통해 살펴보자. D씨는 일용건설노동자로 일하며 부인이 가출해서 없지만 대신 어머니가 파출부 등으로 일하며 함께 가구를 꾸리는 경우다. 1986년 3월부터 1987년 2월까지 D씨가 1년간 노동한 총노동일수는 175일이며 총수입은 268만 2,500원이었다. 이는 D씨 어머니가 매일 기록한 생활기록부를 참고로 작성한 것이다.

D씨가 일을 얻는 곳은 사당로의 일명 '로터리'라는 일용건설노동시장이다. D씨는 일용건설노동시장이 열리는 3월 9일부터 '로터리'에 나와 일을 시작하여 12월초 이 노동시장이 일이 없어 서지 않을 때까지 계속 이곳에서 일을 얻었으며 이 기간 중 비가 많았던 6월과 8월을 제외하고는 거의 20일 가까이 일하였다. 12월 중순 이후에는 건설노동은 일자리가 없어져 임시방편으로 취로사업, 고물장사 등의 생계수단을 찾아 나섰으나 이렇게 해서 벌어 들인 수입은 11만 4,000원에 불과했다. 실제 12월에서 다음해 2월까지 건설노동 외에 취로사업 20일, 고물장사 9일을 하였다. 이 가구주가 1년 동안 건설노동을 한 날은 월평균 17일 정도며 나머지는 일기불순이나 개인적 사정으로

〈표 4〉

	비 율	한 달 생활비 내역	비 율
주 식 비	14.8	전 기	6.6
부 식 비	19.8	연 료	6.6
기타식품비	17.6	교 통 비	2.0
주 거 비	9.9	교 육 비	13.2
수 도	4.0	이 자	3.0
		기타잡비	2.5
합 계	66.1	합 계	33.9

일을 못해 쉰 날이거나 일거리가 없어 공을 친 날들이다. D씨가 일용노동으로 벌어 들인 연간 총수입은 256만 8,000원이며 여기에 취로사업, 고물장사를 나가 번 돈 11만 4,000원까지 합치면 1년에 벌어 들인 수입은 총 268 만 2,500원이 된다. 이 수입을 12개월로 환산하면 월평균 22만 3,458원이 된다. 한편 수입이 별로 없는 12월 D씨 가구의 지출을 보면 총생활비가 30만 3,500원으로 월평균 수입을 초과한다. 이 중 식비가 52.2%를 차지하며 주거비가 9.9%를 차지한다. 주거비가 다른 가구에 비해 낮은 것은 재개발로 월세가 오르지 않았기 때문이며 또한 아이들이 셋이어서 음식물비가 차지하는 비율이 워낙 높기 때문이다.

행상이나 우유배달, 잡일을 하는 K씨, N씨, P씨 가구도 비슷한데 이들은 일용건설노동자보다 계절성의 영향은 덜 받지만 역시 계절이나 상황에 따라 수입의 부침이 심하며 적자가계를 꾸리는 달들이 많다. 만성적인 가계적자를 보이는 가구들도 상당수 있는데 F씨 가구처럼 가구주의 질병 때문인 경우도 있지만 G씨나 L부인처럼 계속 일을 하지만 적자가계인 경우도 많다. G씨는 1985년까지 일용노동자로 있다가 1986년에 집수리를 전문으로 하는 십장일을 시작했다. 3월에서 11월까지 8채 정도의 집수리를 했지만, 6월부터 한 공사에서 재료비가 예상 외로 많이 들어가고 공사기간이 늘어나 인건비를 과다 지출해 빚을 졌다. 현재 재료비 및 인건비로 약 600만 원이 밀려 있고 친척과 이웃에게 진 빚도 100여 만 원이 넘는다. 지난 1년 동안 가계지출은 월평균 20만 원을 넘지 않았으며 부인이 부업으로 벌어 들이는 2만 5,000원 정도의 수입이 가계에 큰 보탬이 되었다. 1987년 1월 현재 수입과 지출을 살펴보면, 수입으로는 부인이 일주일에 4회 파출부일을 나가면서 벌어 들이는 돈이 전부인데 일주일에 두 번 일을 한 적도 있으며 최근에는 일이 끊겨 다시 부업을 하고 있다. 1월중 수입은 부인의 소득 8만 4,000원이 전부이며 총 15만 7,550원이 지출되었는데, 주식비가 지출의 35.8%를 차지하였고, 교육비 30.7%, 연료비 7%, 밀린 전화, 전기세 17%, 잡비 9%, 부식비 10%를 차지하였다. 여기서 부족한 가계비는 외상을 하거나 이웃에게 돈을 빌림으로써 보충하였다. 이 경우는 집관리를 해주는 대가로 월세가 없지만 다른 월세 가구들은 수입의 16~17%를 월세로 소비한다.

이러한 고용, 수입, 지출의 자료는 이들 가구들의 빈곤상태를 보여줄 뿐 아니라 이들 빈곤의 성격을 말해 준다. 이들 대부분은 집이나 방세 보증금 외의 자산을 가진 경우가 거의 없고 가구주 수입이 계절적 변동을 겪는 경우가 대부분이며 저축보다는 빚이 있는 가구가 많다. 빚은 최저 50만 원에서 1,000만 원이며, 50만 원 이하의 빚 또는 외상값 등은 여기에 포함하지 않았기 때문에 실제로 빚이 있는 가구는 더 많다고 할 수가 있다. 남성 가구주의 계절취업으로 부인의 가계보조적 수입에 의존하는 경우가 사례 가구 중에만도 7가구이며 이 가구들은 대체로 짧게는 3개월, 길게는 6개월 이상씩 가계보조적 소득에 의지하여 생계를 꾸민다. 가구주와 배우자 외의 자녀세대 가구원의 소득이 있는 경우가 많지 않으며 남성 가구주가 사망했거나 병석에 있어 수입이 없는 가구의 경우는 동거 자녀들이 생계를 꾸리지만 그렇지 않은 경우는 대부분 일찍 집을 나가 따로 사는 경우가 많고 가계에 보태는 일도 드물다.

3. 빈곤의 출구

조사지역에서 비교적 안정된 생활을 하는 가구란 쌀가게, 건축설비가게, 약국 등 동네를 상대로 가게를 하는 집과 극소수의 정규사무직 종사자, 건축업 십장이나 하청업 중개인 등이다. 약국 주인이나 사무직 종사자 등은 대체로 출신배경이 이 지역주민들과는 다르다. 쌀가게, 건축가게, 건축십장 또는 개인택시나 용달차 소유자 중에는 자수성가했거나 이 지역에서 생활기반을 닦아 상승이동을 한 사람들이 있다. 심층연구대상 가구 중 이 지역에서 상층에 속하는 쌀가게 주인 A씨는 원래 시골의 지주 출신으로 쌀장사를 하기 위해 전략적으로 '이러한 동네'를 선택한 경우다. 맨손으로 시작해 안정된 생활을 하는 경우는 매우 드물다. Q씨 가구는 이 동네에서 자수성가한 대표적인 예의 하나로 꼽히며 B씨 가구는 자수성가했다고까지는 할 수 없으나 맨손으로 시작해 안정된 생활을 하는 가구의 하나이다.

> 올해 42세인 Q씨는 개인용달을 하다가 최근에는 개인택시를 2,300만 원에 사서 운행중이다. 부인은 동네 미용실을 직접 경영하고 있다. 이들은 모두 무일푼으로 서울에 올라와 갖은 고생 끝에 현재는 재산이 약 5,000만 원이 될 만큼 기반을 닦았다. 경북 산골 빈농의 2남 5녀의 셋째로 그곳에서 중학교를 겨우 졸업했으며 중학교를 졸업하자 마자 먼저 서울에 올라간 형을 따라 이곳에 정착했다. 건설노동을 하는 형 집에 머물면서 운전기술을 배워 군대를 운전병으로 갈 수 있었다. Q씨가 제대하자 Q씨의 형이 서울 생활을 청산하고 시골로 가면서 이곳 무허가정착지의 함께 살던 집을 주고 갔다. 배운 기술이 운전이었으므로 이곳에 살면서 택시 스페어 운전수로 생계를 해결했다. 마침 근처 미장원에 고용되어 있는 동향의 아가씨를 소개받아 결혼을 했다. Q씨 부인은 나이가 두 살 아래며 집안배경이 비슷하다. 가난한 집 2남 5녀의 첫째로 국민학교만 나왔으며 17세에 서울에 올라와 공장 생활을 좀 하다 19세에 미용기술을 배워 미용실 '시다'(밑에서 심부름하는 일)로 일했다. 결혼을 하게 되자 그 동안 모아 놓은 약간의 돈으로 이곳에 미장원을 차렸다. 골목 안에 있던 집을 팔고 돈을 좀 보태어 소방도로변에 위치한 집으로 이사해 방 한 칸에서는 살림하고 한 칸에서는 미장원을 시작했다. Q씨 부인은 미장원을 한 지가 15년이 되었으며 남편이 직업을 바꿀 때마다 미용실을 해서 번 돈으로 뒷바라지를 했다.
>
> 남편 Q씨는 택시운전이 몸만 힘들고 돈은 많이 벌리지 않아 자가용 운전수로 취직했으며 그럭저럭 생활은 되었다. 그러나 큰 돈을 좀 벌어야겠다는 생각에 1977년에 '사우디아라비아'에 운전기사로 취업해 월 40만 원씩 1년간 집에 꼬박 송금하여 부인이 이 돈을 안 쓰고 돈놀이 등으로 키워 상당액을 만들었다. Q씨는 귀국해 버스운전을 시작했으며 그 동안 모은 돈으로 인근

무허가정착지에 집을 한 채 사서 세를 놓았다. 또 한번 중동취업을 했다. 1년 후 돌아오니 웬만큼 경제적으로 안정이 되었고 운전수 생활을 오래 해봐야 '별수도 없을 것 같아' 여러 가지 생각 끝에 고향에 내려가 목장을 해보기로 했다. 우선 근처에 사 두었던 집을 팔아 염소와 벌을 키워 보기로 하고 가족은 두고 혼자만 고향으로 내려갔다. 그러나 비싼 가격으로 샀던 가축가격이 폭락하는 바람에 1년만에 집값 2,300만 원만 모두 날리고 다시 서울로 올라왔다. 부인이 마련해 준 돈으로 개인 용달차를 사서 3년간 벌어 몇 달 전 개인택시로 바꿔 영업중이다. 고향에는 받은 재산이라고는 아무것도 없었으며 그 동안 본인이 번 돈으로 산 논 5,000평, 밭 1,500평과 벌통 20통을 부친이 대신 관리해 주고 있다.

Q씨는 이 동네에서는 아주 운이 좋은 편이며 Q씨처럼 중동취업으로 기반을 닦아 일어서는 경우도 그렇게 흔하지는 않다. 사례 가구 중 가구주가 중동에 다녀온 경우가 6가구인데 Q씨만이 유일하게 기반이 닦인 집이며 R씨는 5개월만에 돌아와 막노동을 하고 있고 E씨는 중동을 다녀와 돈을 좀 벌었으나 장사하다가 날렸다. H씨네는 가구주가 중동 다녀온 후 1년만에 사망했으며 C씨와 F씨는 질병을 앓고 있어 생활이 어려워졌다. Q씨는 중동취업 외에 미용실을 하는 부인의 도움이 컸다. Q씨와 Q씨 부인이 운전과 미용기술을 가지고 있다는 점이 다른 가구들과의 특기할 만한 차이이기도 하다. 도비가게를 하는 B씨는 Q씨만큼 성공하지는 못했지만 무일푼으로 시작해 조그마한 개인가게를 차린 경우이다.

올해 54세인 B씨는 빈농의 5남 1녀의 셋째로 국민학교 4년을 중퇴하고 17세부터 온양 등 인근 소도시로 다니며 품팔이를 하다가 군대갔다 온 뒤 26세에 단신 상경했다. 영등포 연탄공장에서 2년 근무하다가 5.16 후 재훈련에 불려가 직장을 그만두었다. 평택에서 남의집 농사를 짓다가 부인 고모의 중매로 결혼했으며 둘이다 아무것도 없었기 때문에 사글세도 안 내는 남의 집에 부쳐 살았다. 생활이 너무 어려워 다시 고향으로 내려가 농사품팔이를 하면서 2년간 살았으나 차라리 도시에서 품팔이 하는 것이 나을 것 같아 가족은 놓아 두고 혼자 서울로 올라왔다. 그때 나이 33세였으며 서울역에 내려 무작정 근처 막노동꾼이 모이는 청파동으로 가서 기계운반일(도비) 막노동판에 끼어 들었다. 1년 후 사당동으로 오면서 식구들을 부르고 그 근처에서 도비일을 계속했다. 1967년 당시 보증금 없이 월세 500원짜리 방에서 생활했으며 1970년도에 5만 원짜리 전세, 2년 후에는 13만 원짜리 전세로 이사했다. 이 사당동내에서만 여섯 번도 더 이사했다. 1974년도에 전세살던 집에서 전세를 올려 달라고 해서 어렵게 60만 원을 마련해 억지로 집을 샀다. 집세 걱정은 없어졌고 그 동안 조금씩조금씩 돈이 모일 때마다 건축설비를 사 모아 1977년에 운반기계를 기반으로 가게를 차렸다. 가게는 전화 한 대 놓고 보증금 130만 원에 월 14만 원짜리의 작은 규모다. 1970년대말 경기가 좋을 때는 10여 명의 막노동꾼이 사무실 주변에 모여 있을 만큼 일이 많은 때도 있었다.

4. 빈곤의 가중화

이들 대부분은 태어날 때부터 가난했지만 "이토록 가난하지 않은 때"도 가끔 있었다. 지금처럼 월세가 아닌 전세방에 살기도 했고 때로는 '하꼬방'일망정 자가를 소유하기도 했으며 제법 큰 가게를 하기도 했다. F씨, G씨, J씨, K씨, L씨, V씨 가구 등은 지금 여태까지의 그들 일생 중 가장 어려운 상태라고 생각한다. 가구주나 가족원의 질병, 사업의 실패, 가정파탄 등이 그들의 빈곤이 가중된 주요 계기이다. F씨 가구는 질병에 따른 빈곤화의 전형적인 사례이다.

올해 48세인 F씨는 10여 마지기도 채 못되는 빈농 출신으로 8세 때 양친이 사망해 국민학교도 못다니고 남의 집 일을 거들었다. 17세 때 고향 친구의 소개로 서울로 올라왔으며 처음에는 조그만 점포의 종업원으로 취직했으며 돈은 한 푼도 모아지지가 않았다. 막노동이 나을 것 같아 노동판에 뛰어들었고 22세에는 그러한 사람들이 모여 사는 양동에 정착했다. 그때부터 이웃사람들을 따라 본격적으로 건설노동을 하게 되었다. 이웃의 중매로 31세에 결혼했다. 서빙고 무허가판자집에 보증금도 없는 월 몇 천 원짜리 사글셋방에서 살림을 시작했다. 당시에는 한강에서 삽으로 모래를 차에 싣는 일을 했다. 첫아들과 딸을 낳고는 살던 집이 철거당해 사당 3동으로 다시 보증금 없는 사글셋방을 얻어 이사했다. 39세 되던 해 막내를 낳고 생활비가 많이 들게 되자 더욱 궁핍한 생활을 하다가 막내아들이 3살되자 부인은 1년 3개월 동안 아파트 청소부로 일도 했다. 목돈을 벌기 위해 F씨 나이 45세 때 '사우디아라비아'에 취업했다. 경비일이었는데 1년 동안 월 12만 원씩 송금했으며 부인은 2만 원만 생활비로 쓰고 10만 원은 저축했다. 생활비는 부인이 시장에서 칡, 나물 등을 떼어다가 파는 노점장사로 메꿨다. 이때 모은 돈으로 인근 사유지의 200만 원짜리 전세방으로 옮길 수 있었다. 몇 개월을 쉬던 F씨는 다시 해외취업을 위해 있던 방값을 빼서 인근 무허가주택지로 월세방을 얻고 소개료까지 쓰면서 중동취업을 시도했다. 그러나 70만 원의 소개비만 사기당했다. 그 이후 F씨는 다시 건설노동으로, 부인은 아파트 청소부로 나갔는데, F씨가 공사장에서 다치는 바람에 몇 개월 쉬고 나니 생활이 더욱 어려워졌다. 이때 사당 3동이 철거되어 이곳으로 이사했다. 1986년 10월 F씨가 중풍증세를 보이면서 생활이 극도로 어려워졌다. F씨 가구는 현재 생활보호대상자로 월세로 살고 있다. F씨 부인이 5년 전부터 해온 아파트 청소부로 5식구의 생계를 꾸리고 있다.

이렇게 가구주나 가구원의 질병, 또는 사망에 따른 빈곤의 가중화는 이 지역에서 가장 일반적이며 사례 가구 중에서 여성 가구주인 K부인이나 L부인 가구의 빈곤도 남편의 질병에 의한 사망이 그들의 빈곤을 가중시킨 사례들이다.

특별히 눈에 띄는 사고는 없었으면서도 하는 일마다 안되어 점점 너 빈곤해져 빚더미에 앉은 경우도 있다.

올해 34세인 G씨는 농촌 출생이나 대도시인 P시에서 고등학교를 나와 결혼 전에는 그곳 D목재 공장을 다녔다. 그러나 결혼하면서 생활이 안되어 공원을 그만두고 영세자영업의 종업원생활을 했으며 그때 모은 돈을 가지고 농수산물을 중개하는 장사를 시작했다. 그러나 자본과 경험부족으로 기존 중개상인과 경쟁이 안되어 산지에서 떼 온 물건이 제값을 받지 못하는 바람에 몇 개월 안 가서 망했다. 서울에 있는 사촌형에게 관공서 경비직을 부탁하고 올라왔으며 이때 사당동에 정착했다. P시에서 장사하면서 방세까지 까먹었기 때문에 이곳에는 월세방을 얻었다.

기대했던 취직도 여의치 않자, 젊었을 때 취득한 중장비 운전기술로 외국을 나가려고 시도했다. 서울의 여러 건설회사를 돌아다니며 7,8군데 정도나

> 알아보았으나 초봉의 월급이 지나치게 적다는 것을 알고 외국 나가는 것을 포기했다. 그 이후 동네 밑에 있는 N시장에서 야채행상을 했지만 손해만 나서 일주일만에 그만두었다. 이 때문에 '리어카' 구입비용, 물건대금 등 20만원을 없애 버렸다. 장사에 실패한 후 뚜렷한 직업도 없이 집에서 쉬고 있을 때 먼저 올라와 있던 사촌동생이 사당동을 중심으로 형성된 건설노동, Y씨 '공구리'팀에 나가고 있어 사촌동생의 소개로 그 팀의 고정일꾼으로 들어가서 3년 동안 일했다. 그러나 처음 해보는 건설노동에 팀내의 인간관계도 잘 안되어 노동일수가 적었다. 여기에다 노동일이 갖는 계절적 실업 등으로 간신히 생활만 꾸려 나갔다. 친척들과 같이 있으려고 구입한 방 2칸의 월세도 힘이 들어 방 1칸으로 옮겼으며 보증금도 100만 원에서 50만 원으로 줄었다. 1986년부터는 그 동안 노동일을 하면서 터득한 기능과 인간관계를 기반으로 집수리와 증축을 전문으로 하는 십장생활에 들어갔다. 처음에는 돈이 모이는 듯 했는데 후반기에 맡은 공사에서 낮은 공사비 책정과 현장에서 인부가 다쳐 뒷바라지 하느라 몇 개월 동안 번 돈도 까먹고 재료비, 일꾼 일당 등 600만 원 정도를 샤시, 보일러, 페인트, 건재상 등에 빚을 지게 되었다. G씨 부인은 주로 집에서 스웨터 등의 부업을 해왔으나 남편의 빚이 늘고 생활비와 집 월세까지 쪼들리자 살고 있는 무허가주택의 주인집인 방배동 G아파트에 파출부로 나가고 있다. 주4일에 2만 8,000원을 버는데 이렇게 해서 번 돈으로 가계지출 외에 남편이 맡았던 공사의 밀린 노임을 조금씩 꺼나가고 있는 실정이다.

이 지역에 오기 전 중산층으로 살았으나 사업이 망해 이곳에 온 경우들도 가끔씩 있는데 J씨 가구가 그러한 경우다. 이 가구는 허약한 구중산층이 빈곤계층 주거지의 일원으로 된 사례이다.

> 올해 35세인 J씨는 부농의 막내아들로 고등학교를 나왔으며 집안의 도움으로 사유지 전세방에서 '괜찮게' 서울생활을 시작했다. 가정형편은 여유가 있었으나 대학을 떨어져 군대에 갔었고 그러다가 더 공부할 기회를 놓쳤다. 군제대 후 결혼했으며 먼저 단신으로 서울와서 영어회화 학원 등도 다녔다. 그러다가 D정밀 공장에 영업사원으로 취직했다. 1년 6개월 이상 다니면서 이 분야 판매에 자신도 얻었고 그 동안 맺은 인간관계와 경험을 기반으로 대리점을 차렸다. 당시(1983년) 대리점의 자본금은 집에서 아파트 전세를 얻으라

고 대 준 800만 원으로 마련했다.

대신 방은 월세로 들었다. 그러나 사업은 초반부터 여의치 않았다. 현금으로 물품을 구입하고 판매대금은 외상으로 몇 개월 후에 회수되어 늘 유동자금의 압박을 받았다. 그러던 중 물건을 대준 평소 잘 알고 지내던 동향 사람이 부도를 내버려 납품한 물건대금을 받을 수 없게 되었다. 가게를 차린 지 6개월만에 문을 닫았다. 처음 장사할 때 들어간 800만 원을 고스란히 없앴으며 4개월간 실직상태로 있다 보니, 보증금 50만 원에 있던 월세방도 방세가 몇 달 밀려 20만 원도 채 안 남은 형편이 되었다. 집안에서 딱하게 여겨 아버지가 100만 원, 처가에서 50만 원을 보태줘 150만 원 하는 전세방을 얻어 이곳으로 이사했다. 사당동에 사는 친구가 사업에 실패한 것을 알고 여기서는 싸게 살 수 있다고 소개해 이곳 무허가주택의 단칸방으로 이사한 것이다.

5. 생의 주기에 따른 빈곤의 변형

이들의 빈곤의 형태와 내용은 가구주의 연령에 따라 상당한 차이를 보인다. 가족주기, 고용 및 주거형태, 특히 가옥의 소유에서도 차이를 보인다. 이들의 이주는 대체로 20대에 이루어지고 있으며 특히 단신 상경의 경우 그러하다. 10대에 올라 온 경우는 F씨, T씨, V씨 등이며 30대 이후의 단신이주는 가족을 데려오기 전 삼성적으로 먼저 올라온 경우이다. 이들의 서울 생활 출발은 대부분 월세로 시작되며 전반적으로 20대와 30대는 월세가 많다. 20대의 M씨, V씨, 30대의 G, I, J, R, U씨 등이 20대에는 모두 월세였으며 자가에 사는 40대의 E씨나 B씨 등도 마찬가지다. 40대, 50대로 가면 전세와 자가가 많아지며 60대 가구주의 가구는 모두 전세와 월세로 경제적으로 매우 열악한 상태이다. 이들의 주거 소유상태의 변화는 곧 그들의 생활상태의 음영을 보여준다. 이들에게 있어 전재산은 방 한 칸 전세값, 또는 이곳 무허가 정착지의 '자가'이며 이들의 생활이 궁핍해지면 자가는 전세로, 전세는 월세로, 그리고 더 싼 월세로 옮겨지고 있다.

한편 직업이동을 보면 거의 큰 변화가 없다. 지금 50대의 과거 20대나 30대나 40대는 현재의 20대, 30대, 40대나 별반 차이 없이 일용노동자이거나 재단사, 영세판매업 등이다. 즉 이들의 삶이 매우 비슷한 경로와 과정을 거치고 있음을 알 수 있다. 이들은 일생을 통틀어 일자리의 이동은 잦지만 실질적인 직업이동은 많지 않으며 부문간 이동도 별로 없고 더욱이 수직적 이동은 거의 찾아보기 힘들다. 몇 사례의 경우, 공장노동자 등 공식부문 취업의 경험을 보여주지만 자본제부문 취업이라고 볼 수는 없고 기간도 일시적인 경우들이다. 원래부터 교육과 재산이 있었던 A씨나 J씨 외에는 모두 계속 비공식부문 취업을 했거나 비자본제부문의 노동자로 일했다. 요꼬공장 기술자, 단순 가내 수공업 또는 제지공장 공원, 중동취업노동 등은 5인 이상 취업한 이른바 공식부문 취업처럼 보이지만 실질적으로 비자본제부문의 불안정고용이었다.

이들의 가족형성은 보통 20대였으며 30대 초반에 한 경우가 3분의 1정도인데 가족형성이 늦어진 것은 생활고 때문이다. 자녀수는 30대, 40대, 50대가 매우 차이가 난다. 30대는 1남 2녀를 둔 1가구만 빼면 모두 1남 1녀이며 40대는 다수가 3명 이상 자녀를 두고 있고 50대는 최소 3명이며 4명 혹은 5명의 자녀를 두고 있어서 자녀수에 있어 세대에 따른 차이를 확연히 보여준다. 그리고 이들은 모두 40대를 기점으로 '덜 힘든' 노동으로 옮겨 가고 있다. 50대에 들어서서 가게를 낸 경우는 성공한 편이며 병으로 무직이 되기도 하고 같은 노동일 중에서도 힘이 덜 드는 일을 하기 때문에 품값이 떨어지기 시작한다. 이때부터 자녀세대가 돈을 벌어 가계에 보태기 시작하며 돈을 벌어 보태주는 자녀가 있는가 없는가, 그리고 가구주나 가족원 중에 아픈 사람이 있는가 없는가에 따라 가구별 경제상태에 차이가 난다. 자녀들 중에 돈을 벌기 시작한 경우라도 외지에 나간 경우는 부모 가구에 경제적으로는 큰 도움을 주지 않는 경우가 대부분이다. 아버지가 안 계셔 딸이 집안의 주생계 책임을 맡은 H부인 가구, 그리고 아버지의 질병으로 고등학교를 중퇴하고 만화가게에 취직한 F씨의 딸 외에는 돈을 벌면서 부모 가구와 동거하는 경우는 없다.

40대 후반, 또는 50대 초반부터 자녀세대의 분가가 나타나며 자녀세대가 독자적인 수입이 있으면 결혼을 안한 경우에도 부모 가구와는 분리되는 현상을 보여준다. 특히 외지에 나가 돈을 벌고 동거가 시작되면 경제적으로 부모 가구와의 연계가 거의 없다. 한편 60대의 여성 가구주들인 경우는 결혼해서 나간 자녀들이 손자, 손녀세대를 데리고 들어온 3세대 가구들인데 이들이 가장 빈곤한 가구들 중에 속한다.

6. 빈곤의 세대전승

이곳 주민들도 아이들을 어떻게든지 학교에 보내려고 하는 열의는 크다. "자식 손에 삽자루 쥐게 하지는 않겠다"든가 "아비 어미 못 배운 게 한이 되어 꼭 학교는 제 원하는 데로 보내고 싶은데…" 또는 "너는 꼭 기술자가 되어야 해. 밥 먹고 살기 위해서는" 등의 말을 곧잘 한다. 그러나 "애들 때문에 못 살겠다"는 푸념도 이곳에서 가장 흔하게 듣는 이야기 중의 하나다.

심층연구대상 가구 중 단신 가구 및 만 15세 이하의 자녀만을 둔 9가구를 제외한 12가구 중 중·고 재학생만을 둔 집은 3가구이며 나머지 9가구는 출가자녀, 취업자녀 등을 둔 가구들이다. 이 9가구 중 생활이 원래 넉넉하여 아들 셋을 모두 전문대 이상 공부를 시킨 A씨 가구나 남편과 이혼하고 이 지역에서 하청업을 하는 N부인 가구를 제외하면 자녀들 대부분이 혹은 최소한 한두 명은 아버지나 어머니세대의 전철을 밟고 있거나 밟을 가능성을 보여준다. 이들은 물론 그들의 윗세대에 비해 학력은 월등히 높다. 그러나 직업의 불안정성이나 하고 있는 일의 성격 등에서 보면 부모세대와 크게 다르지 않다.

이들 가구의 자녀들은 대체로 학교성적이 좋지 않으며 국민학교 때까지 좋은 경우도 중고등학교에 올라오면 떨어지기 시작한다. 아주 열악한 경우는 중학교 때 학교를 그만두고 취직하거나 가출하는 경우도 흔하다. 그리고 자연스럽게 부모세대의 빈곤을 대물림하는 궤도에 들어선다. 자녀세대의 직업을 보면 아들들은 건설노동자, 공원, 식당웨이터 등이며 딸들은 다방종업원, 가게점원, 여공, 출판사사무원, 파출부, 룸싸롱호스티스 등이다. 이들의 남편이나 동거중인 남자들 또한 공원, 운전사, 일용노동자 등이다. 아들들의 경우 고용원이 30명 내지 60명 되는 공장에서 일하는 경우가 2명, 10여 명 되는 인근 하청공장에서 일했던 경우가 1명이다. 공장에서 일하는 2명은 비교적 안정된 임금을 받기는 하지만 임금은 그들의 생계를 겨우 꾸릴 수 있는 정도여서 집에 송금은 별로 없다. 딸들의 경우, 가게점원 중에는 아버지 가게, 만화가게 등 영세업점원이며 사무직은 여성 출판사직원이 유일하다. 여공 중에는 직원 10여 명의 미싱공, 그리고 외지의 공단에서 일하는 경우들이다. 즉 거의 전부가 직업의 안정성이나 임금수준, 사회적 지위로 볼 때 부모세대와 크게 다르지 않으며 공장노동자, 말단사무직 또는 다방종업원 등 부모의 직업과는 성격이 다른 경우도 임금수준이나 직업의 안정성으로 볼 때 부모세대의 빈곤을 전승할 가능성이 매우 높다. F씨의 딸의 경우는 이들의 자녀들이 왜 그렇게 될 수밖에 없는가를 보여주는 단적인 사례이다.

> F씨의 딸은 조사 시작 당시 학교에 잘 다니고 있는 중 3이었다. 병석에 누운 아버지와 청소부로 일하는 어머니, 그리고 국민학교 6학년에 다니는 남동생과 함께 1.6평짜리 방에서 함께 생활하고 있었다. 생활이 어려워 야간 여상에 진학하였고 낮에는 만화가게에서 일하였다. 그러나 F씨는 딸이 아예 학교를 그만두고 돈을 벌어오기를 바랐으며 학교에 그만 다니도록 책가방을 불태워 버렸다. 그래서 외지의 공장으로 취직해 갔다. 몇 개월 후 돌아와서 돈을 벌면서 학교에 다닐 수 있는 곳을 물색하면서 몇 번의 전업을 한 끝에 가출하였다. 그때 만 17세밖에 되지 않았다. 얼마 후 만 18세가 되어 주민등록증을 떼기 위해 잠깐 집에 들렀으며 귀걸이에 야한 옷차림으로 변해 있었다. 그리고 "돈을 벌어서 딸 노릇할 수 있을 때 돌아오겠다"는 쪽지를 남기고 다시 집을 나갔다.

사례 가구의 생활사를 분석해 볼 때 이들의 빈곤이 지속적이고 세습 가능성이 높으며 일단 빈곤해진 뒤에는 빈곤의 악순환에서 벗어나는 것이 매우 어려움을 알 수 있다. 빈곤의 지속성이나 세습 가능성은 거의 모든 사례를 일반화 시킬 수 있을 만큼 보편적이다. 그러나 이들의 빈곤의 원인이 성취욕 부족이나 게으름, 음주, 도박 등 개인적 결함으로 설명될 수 있는 사례는 거의 없다. 질병 또는 가구주의 사망 등 비자발적인 개인적 원인이 F씨, H씨 등 몇 사례가 있으나 이들 또한 빈곤의 원인이기보다는 빈곤의 가중화의 원인으로 볼 수 있다. 이들 빈곤의 보다 근본적 원인은 무일푼에서 시작해야 했던 그들의 사회 경제적 배경과 불안정고용, 생계비에 미치지 못하는 저소득 때문이었다. 빈농 출신 가구주의 사례 가구, 그리고 서울의 빈곤층 출신 등이 모두 이에 해당한다. 원래는 부유했던 D부인과 J씨 가구의 빈곤 또한 개인적 요인이라기보다 사회적 요인으로 설명할 수 있다. 즉 D부인은 6.25 때 월남한 경우이며 J씨는 소자본 영세기업의 취약성을 보여준 사례이다.

빈곤의 출구를 찾았다고 할 수 있는 B씨나 Q씨의 경우를 보면 Q씨의 경우 이들 부부는 모두 운전과 미용이라는 기술을 습득, 이를 통해 어느 정도 안정된 수입원을 가지게 되었고, B씨의 경우는 막노동에서 출발하여 특별한 기술 없이 개인의 노력으로 이 지역에서 자가를 장만하면서 개인 가게도 가지게 된 사례이다. 그러나 Q씨의 경우도 중간에 사업실패를 경험했다. 빈곤 가구주나 그 배우자의 일생을 보면 이들의 10대는 모두 학교 중퇴와 이런저런 막일로 점철되었다. 즉 그들의 노동값을 올릴 수 있는 기술이나 학력을 쌓아야 할 시기에 먼저 생계부터 해결해야만 했던 경우들이다. 당장 잘 데가 없고 먹을 것도 없이 맨몸으로 뛸 수 있는 곳에서 그들의 일자리가 시작되었고 맨몸을 유지하는 데 급급한 생활의 연속이다. 이들의 생계전략이란 우선 맨손으로 할 수 있는 일에서 시작했으며 이들의 빈곤으로부터의 탈피전략도 여기서 출발한다. 자본금 없이 할 수 있는 일, 공장이나 가게의 임시고용, 또는 일용건설 노동 등이며 이를 통해 빈곤의 출구를 찾는다. 이들의 꿈이란 조그만 가게나 자영업을 하는 것, 아니면 노동현장에서 재료값이나 일꾼을 부릴 수 있는 정도의 재력을 갖춰 건설 십장이나 또는 가내공업 하청을 하는 것, 그리고 여기에 덧붙여 방 두 개짜리 집이 있어 방 한 칸은 세를 놓을 수 있게 되는 것 등이다.

이들이 빈곤의 출구라고 생각하는 것은 언제나 '장사'다. 일용노동이나 임금직은 "입에 풀칠은 할 수 있으나" "돈을 모을 수"는 없다고 생각한다. 그들 주변에서 그래도 돈을 번 경우는 모두 장사를 잘한 경우들이다. 그러나 그 장사를 하기 위해서는 우선 목돈을 좀 손에 쥘 수가 있어야 하는데 그 목돈을 만들 길이 없다. 해외취업은 맨손으로도 목돈을 쥘 수 있는 거의 유일한 기회라고 생각한다. 초기 해외취업에서 돈을 좀 벌어와 동네에 싼 집이라도 사고 장사 밑천, 또는 개인택시라도 산 경우들이 부러움의 대상이다. 중동 건설노동 취업은 그들이 늘 해오던 일이거나 특별한 기술 없이도 갈 수 있다는 점에서 누구나 한번쯤 생각하거나 시도하고 있다.[15] 그러나 이들이 빈곤으로부터의 출구라고 생각하는 해외취업이 현실적으로는 별로 도움이 안된 것으로 나타났다. 중동 다녀온 여섯 가구 중 생활이 더 나아진 경우는 1가구이며 이 가구주는 운전기술로 중동취업을 했고 부인의 미용실 경영으로 중동에서 벌어온 돈을 잘 보전한 경우다. 나머지 5가구는 중동취업이 전연 빈곤 탈출의 계기가 되지 못했다. 한 가구는 중동에서 벌어 온 수입을 장사하는 데 모두 날렸고 한 가구는 불과 5개월간 다녀온 경우로서 별로 돈을 모으지 못했다. 나머지 세 가구는 중동에 다녀온 뒤 가구주가 1년 안에 사망했거나 질병으로 생활이 더욱 어려워졌다. 이 중 한 가구는 가구주가 사우디아라비아에 다녀온지 일 년만에 뇌졸중으로 사망하여 여성 가구주 가구가 되었고 나머지 두 가구는 가구주가 각각 중풍과 담석증으로 거동을 못해 부인이 청소부, 생선노점으로 생계를 꾸리고 있다. 이들이 의지하는 것은 '맨몸'뿐이므로 건강에 문제가 생기면 더 이상 빈곤에의 탈출은 불가능하며 오히려 빈곤이 더욱 악화된다. 건강문제는 이들에게 빈곤의 원인이기도 하고 결과이기도 하다.

일용건설노동자들은 조그만 공사라도 하청을 받아 십장이 되는 것이 그들의 빈곤 출구의 꿈이다. 실제로 주위에 이런 사람이 없는 것도 아니다. 일용노동자로 이 인근에서 유명한 건설노동팀의 반장이 된 Y씨는 선망의 대상이다. 그러나 그런 사람은 "천 명에 한 명 날까 말까"이다. 그리고 십장이 되려고 해도 외상공사도 맡고 인부 돈도 융통할 만큼은 재력이 있어야 하며 아니면 기술이라도 있어 십장대리라도 할 수 있어야 한다. 십장노릇 잘못하면 오히려 G씨처럼 빚더미에 올라 앉는다. 또한 G씨, C씨, E씨, J씨 등의 경험은 가내수공업이나 개인사업 또는 구멍가게조차 쉬운 일이 아님을 보여준다. 크고 작은 장사, 그리고 약간 돈이 생겨 가내수공업을 시도한 사례들이 모두

15) 심층조사대상 22가구 중에서 해외취업(주로 중동)을 다녀온 경우가 6가구이며 가지는 않았지만 가려고 실제로 시도했던 경우가 3가구이다. 이들 중 2가구는 여권까지 받았으나 생각보다 보수가 낮다고 생각해 안 간 경우이며 한 경우는 신원조회에 걸린 경우다. 그러나 행동에 옮기지는 못했지만 '가볼까' 생각해 본 가구수는 이보다 많은 것으로 보인다. 같은 지역을 조사한 정자환(1982년)의 연구는 조사 당시 세 집 건너 한 집이 중동해외취업을 하고 있다고 밝히고 있다.

실패하여 막노동꾼으로 다시 시작하고 있다. 실패의 원인은 자본금의 부족이 제일 많고 수출경기의 불황, 과도한 경쟁 등이 요인이다.

따라서 이들의 빈곤의 세습 가능성은 매우 높다. 해당 사례 가구 자녀들은 교육에서 보면 부모세대보다 월등히 높으나 고용의 성격은 거의 유사하다. 즉 고용이 불안정하고 수입이 낮은 비공식부문 노동에 참가하고 있거나 또는 노동강도나 착취율이 높은 공단의 공장노동자를 구성하는 경우가 대부분이다. 아들뿐 아니라 딸들의 경우도 이러한 현상이 뚜렷하게 나타난다. 딸들의 경우 본인의 직업뿐 아니라 배우자의 직업 등에서 같은 현상이 나타난다. 또한 빈곤 가구의 경우 부모세대와 분가가 빨리 일어나며 적령기 자녀 중에 결혼식을 안 올린 채 동거에 들어간 경우가 절대적이다. 자녀들 중 외지에 나가 돈을 벌기 시작하면 경제적으로 부모 가구와 분리되는 현상을 보여주며 더욱이 동거하기 시작하면 경제적 연계가 단절되는 성향을 보여준다. 자녀세대의 가족형성과 출발은 친척이나 이웃 소개 대신 친구나 같은 직장에서 만난 사이가 많고 약간의 전기제품을 가지고 출발한다는 것을 빼놓고는 부모세대와 크게 다를 바가 없이 사글셋방에서 새살림을 시작한다.

V

이주실태 : 도시빈민과 도시공간의 재구조화

1. 이주실태와 유형

조사지역인 사당 4구역 제2공구에는 1986년 7월 조사 시작 당시 1,100여 가구가 거주하고 있었으며 1987년 3월 자진철거가 시작될 때까지는 이러한 수준을 유지하였다. 그리고 자진철거가 시작된 후에도 급격히 이주가 진행되지는 않았다. 1987년 3월부터 시작된 자진철거로 이듬해 2월까지 1년 동안에 이주한 가구수는 736가구이다. 이는 동사무소의 전출신고에 따른 공식통계로서 이주시기, 이주지역, 거주기간 등을 통해 그 실태와 유형을 살펴보면 다음과 같다.

① 이주시기-1987년 3월부터 1988년 2월까지의 자진철거 기간 동안의 월별 이주 가구수와 그 누적분포를 보면 이주가 처음 시작된 3월과 4월, 특히 4월

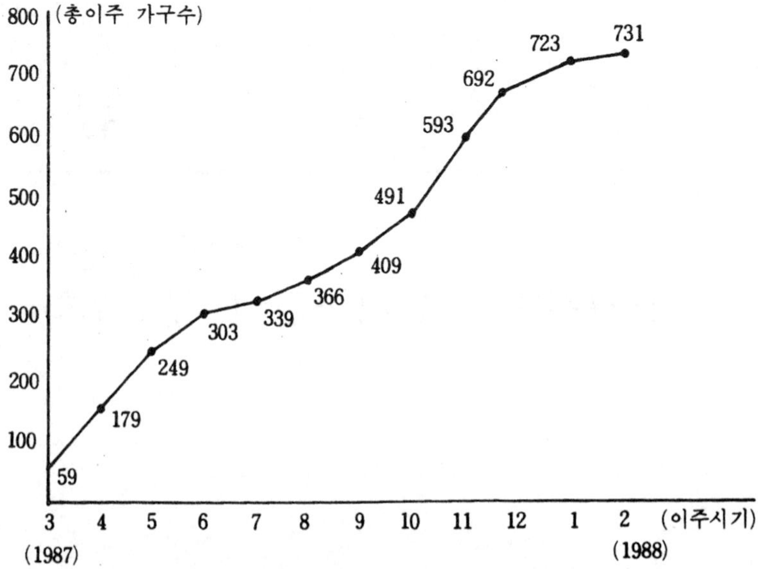

〈그림 5〉 이주시기별 이주 가구수 누적분포

에 가장 많은 가구가 이주하였으며, 이러한 추세가 6월까지 지속되었다. 7월부터 10월까지는 침체기에 들어가 월평균 30~40가구 정도만이 전출한 것으로 나타난다. 그러다가 10월부터 12월까지 급격한 증가를 보였으며 다시 1월, 2월은 침체기에 들어서는 추세를 보인다〈그림 5〉.

자진철거가 시작된 3월에는 59가구, 4월에는 120가구, 5월에 70가구 등 철거 초기 시기에 비교적 빠르게 이주가 진전되었음을 보여준다. 이는 대체로 오래 전에 외지인에 넘어간 가옥들에 살고 있던 세입자들에 의한 것이다. 이곳에 가옥을 사 놓은 외지인들은 철거가 빨리 되어야 아파트가 조속히 들어설 것이라는 기대 때문에 세입자들의 이주를 강요했다. 이 당시 세입자들은 전세금이나 월세 보증금을 받는 것만으로 만족하고 이곳을 떠났다. 그러나 7월에 들어서면서 이주대책이 없는 세입자들이 이주를 거부하기 시작하였다. 즉 세입자에 대한 이주 보상 등이 전혀 없는 상황에서 그들이 이주할 수 있는 지역이 거의 없다는 사실을 안 세입자들은 가옥주만이 아닌 세입자들의 이주대책도 요구하기 시작했다. 그러면서 이주 가구가 줄어들고 철거가옥의 수도 줄어들기 시작했다. 이렇게 되자 재개발추진위원회에서 세입자에 대한 이주대책으로 아파트 방 한 칸 분양권이나 2개월 생활비를 지급하도록 했다. 그러나 세입자들은 이에 만족하지 않고 세입대책위원회를 조직하여 보다 근본적인 대책을 요구하기 시작했다. 따라서 7월, 8월, 9월에 이주한 가구수는 각각 36건, 27건, 43건 정도에 머물고 있었다. 그러나 10월에 들어서면서 가옥주에게 지급되는 아파트 입주권과 세입자에게 지급되는 방 한 칸 분양권이 프리미엄이 붙어 가격이 오르면서 전매가 활발해지고 가옥주들 중에 가격이 내리기 전에 집을 팔고 떠나는 사람들이 늘어났다. 10월부터 갑자기 늘어난 이주는 이러한 가옥주들과 이들의 집에 세들었던 세입자의 이주라고 볼 수 있다. 이때 전반적으로 이 지역에 부동산 붐이 조성되었다. 이러한 붐은 12월까지 지속되어 10월 82건, 11월에 102건, 12월에는 99건 등 총 283가구가 이 시기에 전출한 것으로 나타나 있다. 반면 1988년 1월과 2월에는 각각 31건, 8건 등으로 이주 가구수가 다시 현저하게 감소하였다. 이는 이미 전체의 약 70%의 가옥이 철거한 상태로 잔여가옥이 많지 않은 데도 원인이 있지만 남은 가옥주들 중에는 빨리 이주할 이유가 없기 때문에 관망하겠다는 입장을 취하는 수가 늘어나고 세입자운동이 보다 활발해진 데 그 원인이 있다고 볼 수 있다.[16)]

② 이주지역-이주 가구들의 이주지는 거의 대부분이 인근 동작구와 관악구, 강남구 등이다〈그림 6〉. 행정구역상으로 보면 전체 이주 가구 734가구 중 55%에 해당하는 338가구가 동작구로 옮겼는데 이들 대부분은 인근 사당동 사유지로 옮겼다. 그 다음으로 약 13.9%에 해당하는 85가구가 관악구로 옮겼으며 9.8%에 해당하는 60가구가 강남구로 옮기는 등 약 78.7%가 인근 3개 행정구역에 몰려 있고 그 외 다른 지역은 20% 정도에 그치고 있다.

이를 인근 사유지와 인근 재개발지역, 그리고 기타 사유지 및 다른 위성 도

---

16) 이 시기에 별다른 이주대책이 없는 세입자들은 근본적인 세입자대책을 요구하기 시작했고 보다 적극적인 철거반대운동을 벌이기 시작했다. 이때는 대통령선거 기간을 전후한 시기로 도시빈민 대동제를 비롯한 대규모 집회가 자주 있었고 선거 분위기에 따른 민주화 바람도 거세었던 시기이다. 세입자회의는 매주 열렸다.

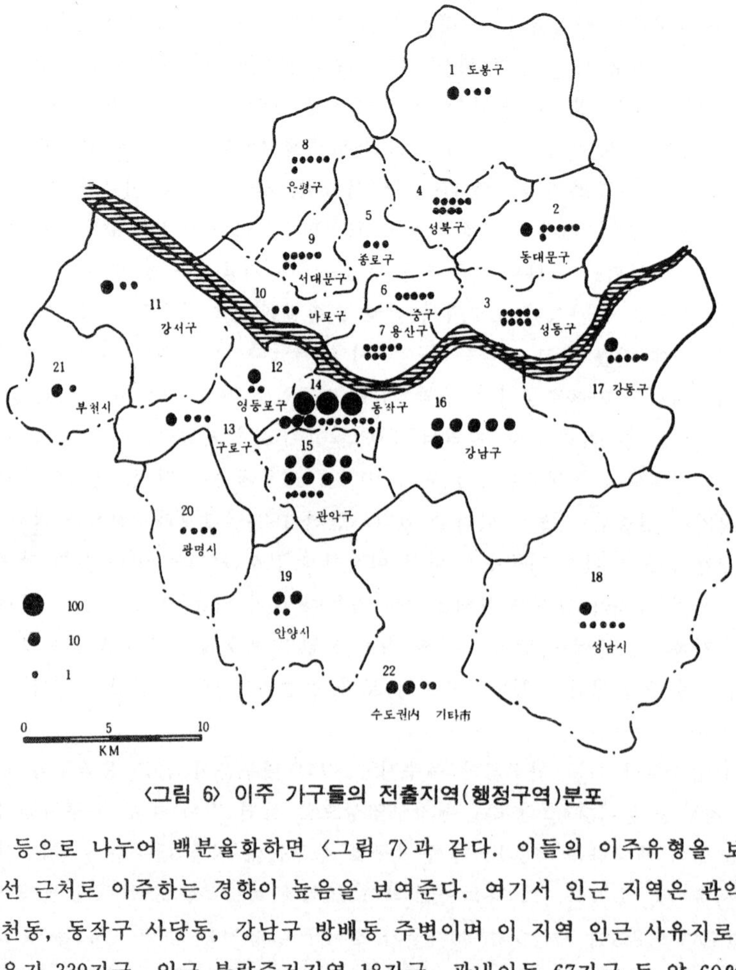

〈그림 6〉 이주 가구들의 전출지역(행정구역)분포

시 등으로 나누어 백분율화하면 〈그림 7〉과 같다. 이들의 이주유형을 보면 우선 근처로 이주하는 경향이 높음을 보여준다. 여기서 인근 지역은 관악구 봉천동, 동작구 사당동, 강남구 방배동 주변이며 이 지역 인근 사유지로 간 경우가 339가구, 인근 불량주거지역 18가구, 관내이동 67가구 등 약 60%가 아주 가까운 인근으로 이주했다. 나머지 40% 중 20%는 그 외 서울시내로 이주했는데 이 중 10%는 아주 가까운 지역은 아니지만 행정구역상으로 관악구, 동작구, 강남구 주변에 있는 것으로 보아 멀지 않은 지역으로 이주했음을 알 수 있다. 그러나, 안양, 시흥 등 서울 근처 위성도시로 빠져 나간 경우도 83가구나 되며 그 외 도시로 22가구, 농촌이주가 21가구 등으로 이주지역

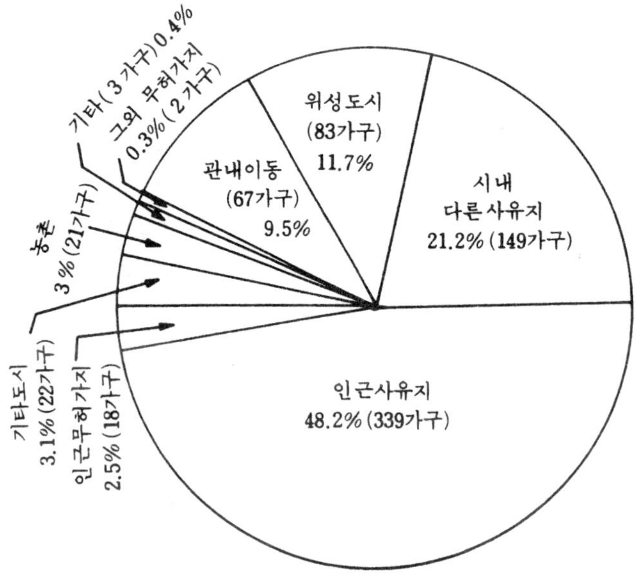

〈그림 7〉 이주 가구들의 이주지역 유형별 백분율표

이 상당히 다양하고 광범위하다.

한편 다시 재개발지역으로 이주한 경우는 관내이동 67가구와 인근 다른 재개발지역 18가구 등 약 12%인데 실제로는 이보다 더 높을 가능성이 많다. 왜냐하면 동사무소 자료에 나타난 주소만으로는 사유지인지 재개발지역인지가 불분명한 경우가 많기 때문이다. 여기서는 주소로 보아 재개발지역이 확실한 인근 재개발지역과 관내 이동만을 무허가지역으로 분류했으며 확실하지 않은 지역은 제외했다.

③ 거주기간-이는 전출 당시의 주택에서 거주한 기간을 나타내는데 5년 이내가 대부분이다. 즉, 거주기간이 1년 이내인 가구가 94가구, 2년인 가구가 90가구, 3년인 가구가 136가구로 거주기간이 5년 이내인 가구가 모두 502가구로, 전체 685가구의 73%에 이른다. 이는 같은 주소지에서 거주한 연수만을 의미하며 이 지역내의 전체거주기간을 의미하는 것은 아니다. 이 지역주민들은 생활형편과 주거사정에 따라 이 지역내에서도 자주 이사를 하며 특히

세입자들은 자주 관내에서 이사를 한다.

이런 점을 감안해서 본다면 거주기간이 짧은 가구들은 세입자들일 가능성이 높으며 장기 거주자들은 자가소유자들일 가능성이 높다. 그리고 이들의 사당동 총거주기간은 자가소유자나 세입자 구분 없이 상당히 높다. 1981년 동사무소 자료에 따르면 이 지역주민의 평균 거주 연수가 9년으로 대다수 가구가 오랜 기간 머문 것으로 나타나 있으며 철거가 시작된 후 이주 가구 및 남은 가구들에 대한 설문조사에 의해 밝혀진 자료에도 사당동 거주 연수가 10년이 넘는 가구가 전체 가구의 59.9%로 나와 있다.

2. 이주 전후의 주거실태 비교

본절에서는 철거이주가 시작된 1987년 3월부터 1988년 2월까지 1년 동안에 이주해 나간 가구들 중 100가구를 무작위 표본 추출하여 이들의 주거상태의 변화를 살펴보았다.[17] 이들에 대한 자료수집은 두 차례에 걸쳐 진행되었으며 1차 50가구는 철거가 시작된 첫 6개월내에 이주한 가구를, 2차에는 그 이후 6개월에 걸쳐 이주한 50가구를 대상으로 했으며 동사무소 전출신고를 한 전가구를 모집단으로 하여 무작위로 표본을 추출하였다.

이들이 이주한 지역을 사유지와 무허가지로 대별해 보면 75가구(80.6%)는 사유지로 이주한 반면, 18가구(19.4%)는 다시 무허가지역으로 이주한 것으로 나타났다.

이를 이주 전후의 주택소유를 중심으로 구분해 보면 이주 전에 자가소유자였던 주민들 중 이주 후에도 자가소유자인 경우는 68%이며 나머지 32%가 전세나 월세 등 세입자 가구가 되었다.[18]

17) 100가구 중 면접거부 및 무응답으로 사용할 수 없는 가구가 4가구였고 3가구는 주소를 이곳으로 옮겨 부동산 투기를 한 외지인으로 밝혀져 분석대상에서 제외시켰다.

18) 1982년 동사무소의 자료에서 자가소유자가 절반을 구성했던 것과 비교하면, 그 동안 재개발에 따른 부동산 투기로 얼마나 많은 가옥주가 집을 전매하고 이 지역을 떠났는가를 짐작할 수 있다. 그리고 이러한 전매가옥주만큼 세입자가 증가한 것이다.

〈표 5〉 이주 후 주택소유형태 변화

(단위 : 가구수, ( ) 안은 %)

	자 가	전 세	월 세	계
자 가	17 (68.0)	7(28.0)	1 (4.0)	25(100.0)
전 세	3* (7.3)	28(68.0)	10(24.4)	41(100.0)
월 세	1** (4.0)	5(20.0)	19(76.0)	25(100.0)

*2가구는 무허가비닐하우스
**농촌으로 이주한 영세민 가구

이주 전에 전세나 월세자였던 가구 중 4가구가 주택을 소유한 것으로 나타났으나 이 중 2가구는 무허가주택인 비닐하우스로 옮긴 경우이며, 월세 가구 중 자가소유자로 된 1가구는 농촌으로 이주한 경우이다. 다만 1가구만이 전세에서 자가소유자로 상승했다.[19]

한편 가옥이나 주거실태의 변화를 보면 동일 가옥내의 거주 가구의 수가 보다 많아진 것으로 나타나며, 사용하는 방의 수가 늘어나지는 않았지만 사용하는 방의 면적은 보다 넓어진 것으로 나타났다. 즉, 동일한 주택내에 거주하는 가구의 수는 이주 전에는 평균 2.7가구였으나 이주 후에는 3.7가구로 평균 1가구가 증가한 것으로 나타났다. 주택소유별로 보면 자가소유자는 이주 전에 1.8가구에서 이주 후에는 1.7가구로 줄어들었으나, 전세, 월세의 경우는 각각 2.5가구와 3.8가구에서 3.9가구와 4.8가구로 늘어났다. 사용하는 방의 수는 1가구당 평균 1.60개에서 1.55개로 이주 전·후간에 거의 차이가 없으며 사용하는 방의 평수는 3.0평에서 4.4평으로 1.4평이 증가했다. 즉, 보다 큰 방으로 이사한 대신 보다 여러 가구가 한 집에 사는 주거조건을 가지게 되었음을 알 수 있다.

한편 사용하는 방의 수는 주택소유에 따라 상당한 차이가 나타나는데 이는 이주 전후와 관계없이 일관성 있게 나타난다. 즉 이주 전 자가소유자의 경우 사용하는 방의 수가 평균 2.2개인 데 비해 전세, 월세자는 각각 1.5개, 1.2개

19) 이 가구는 원래 사당동에 집을 가지고 있었으나 어머니의 병원비 때문에 집을 팔고 전세로 살았는데 최근 2년 동안에 장사가 잘되어 돈을 모아 다시 자가로 된 경우이다.

〈표 6〉 이주 전후 주거실태

	자가		전세		월세		계	
	전	후	전	후	전	후	전	후
동일주택 거주 가구(가구수)	1.8	1.7	2.5	3.9	3.8	4.8	2.7	3.7
사용하는 방수(칸)	2.2	2.2	1.5	1.5	1.2	1.2	1.6	1.6
사용하는 방의 평수(평)	4.6	8.1	2.9	3.7	1.8	2.8	3.0	4.4

이며, 이주 후에도 자가소유자가 사용하는 방의 수는 2.2개, 전세 1.5개, 월세 1.2개로 이주 전·후간에 전혀 차이가 없다. 방의 면적 또한 주택소유형태에 따라 큰 차이가 나는데, 이주 전에 자가의 경우는 평균 4.6평, 전세가 2.9평, 월세가 1.8평인 데 비해 이주 후에 자가의 경우는 8.1평 전세가 3.7평, 월세가 2.8평으로 이주 후에 사용평수가 일반적으로 늘어났으나 자가, 전세, 월세자간에 사용하는 방의 면적의 차이는 이주 전이나 후나 똑같이 상당한 차이를 보여준다. 가구당 평균 가구원 수에 있어서 자가, 전세, 월세자간에 큰 차이가 없음에도 불구하고 특히 월세자의 경우 사용하는 방의 수나 면적 등에서 자가소유자나 전세자보다 훨씬 작게 나타나는 것은 이들이 주거면적을 줄여 주거비를 줄이는 것으로 해석할 수 있다. 이들이 사용하는 방의 면적을 보면 특히 이주 전에는 평균 2평 정도의 단칸방에서 4명 이상이 함께 생활했음을 뜻하는데 이 2평에는 이불, 냉장고 등 살림살이까지 놓여 있기 때문에 실제로 발을 뻗고 반듯하게 취침을 하는 가구가 거의 없는 상태였다.

또한 이주 전후의 주택가격이나 임대료 등의 변화를 보면 자가의 경우는 보다 비싼 주택을 소유하게 되었고 전세나 월세자들은 보다 많은 임차료를 지불하게 되었다. 이주 전의 주택가격은 1,000만 원대가 35%, 2,000만 원대가 42%로 77% 정도가 3,000만 원 미만이다.[20] 이주 후의 주택가격은 2,000만 원대가 31.8%로 가장 많고 1,000만 원대와 3,000만 원대가 각각 22.7%를 차지하며 4,000만 원 미만인 경우가 80%로 이주 전에 비해 1,000만 원 정도 주택가격이 상승한 것으로 나타났다. 한편 세입자들의 경우, 이주 후 임

20) 이는 재개발을 한다는 소식이 전해지기 전인 5년 전에 10평짜리 무허가주택이 평균 350만 원선이었던 것에 비하면 무려 7배 이상 오른 가격이다.

차료증가는 막대하다. 전세금이나 월세 보증금을 이 지역주민들이 계산하는 방식대로 2부이자로 계산해서 합산한, 1개월 임차료를 보면 이주 전에는 3~5만 원이 38%로 가장 높고 다음으로 5~7만 원이 35%를 차지한다. 3만 원 미만도 11%를 보이고 있다. 그러나 이주 후에는 7만 원 이상 10만 원 미만인 경우가 29%로 가장 높고 다음으로 10~15만 원인 경우와 15만 원 이상인 경우가 동일하게 18.8%를 나타내, 월평균 7만 원 이상 부담하는 세입자가 67%를 차지한다. 이주 전에 7만 원 이상을 임차료로 지불한 경우는 19%에 불과했다.

한편 전세금과 월세 보증금을 중심으로 이주 전후를 비교하면 이주 전에 전세금은 300만 원 미만인 경우가 74%에 이르나, 이주 후에는 24%만이 300만 원 미만을 지불하고 있다. 월세 보증금도 이주 전에는 78.3%가 50만 원 이하인 데 비해, 이주 후에는 50만 원 이하가 16.7%며 100만 원 이하도 43%에 불과하다. 100만 원 이하의 보증금을 내고 이주한 43%의 경우 중에는 무허가지역으로 다시 이주한 상당수가 포함되어 있다. 즉, 이주에 따라 세입자가 부담하는 전세, 월세보증금이 급격하게 증가하였음을 뜻한다.

이주 후 가구당 주거비 상승여부와 액수를 보면 이주 가구 중 80%에 해당하는 74가구의 주거비가 상승했다. 동일한 경우가 13가구, 하락한 경우가 5가구이다. 평균 주거비 상승액수는 자가소유자 가구가 평균 771만 원, 전세가구가 341만 원, 월세 가구가 268만 원이 상승했다. 한편 이주 전 자가소유자였던 25가구 중 재개발 후 아파트에 입주할 수 있는 입주권을 소유한 가구는 6가구뿐이다. 6가구 중 입주예정인 가구는 3가구이고 이 3가구 중 아파트에 계속 거주할 가구는 2가구로, 나머지 4가구는 조만간에 입주권이나 아파트를 전매할 의사가 있음을 보여주고 있다. 즉 이주한 93가구 중 아파트가 세워진 후 이 지역으로 돌아올 예정인 가구는 2가구에 불과하다. 그러나 이 또한 불확실하다.

입주권을 전매한 자가소유자는 그 돈으로 새로운 가옥을 구입하였거나 세를 들어 이주했다. 자가소유자가 집을 구입해서 이주한 경우 입주권을 전매하고 받은 금액 외에도 상당액을 추가부담하여 가옥을 준비했음을 보여준다. 즉 주거비가 평균 771만 원 상승하였다는 것은 입주권의 판매가 새로운 주택을 마련하는 데 가장 큰 목돈이 되었겠지만 그 이외의 자금이 필요했던 것을 의미한다. 그리고 이러한 비용은 저축, 사채, 은행융자 등을 통해 마련하고 있다. 추가된 주거비를 마련하는 데 사용된 주요한 수단을 보면 저축이 36.2%, 사채 13.1%, 은행융자 15.9% 부모형제가 2.9%, 친척 5.8%, 분양권 판매가 25.1%로서 분양권 판매의 비율이 낮은 것은 일찍 이주한 경우 분양권 혜택을 받지 못했기 때문이다.

조사가구 중 1987년 9월부터 세입자 이주대책으로 분양권이나 이주비가 지급되면서 혜택을 받은 세입자는 조사대상 세입자 66가구 중 22가구에 불과했으며 따라서 분양권 판매가 주요한 주거비용마련 수단이 된 가구는 18가구였다. 은행융자를 얻은 가구가 11가구인데 이는 새로 주택을 구입한 자가소유자들이 주택을 담보로 융자를 얻은 것이다.

빚을 얻어 이자를 지급한다고 응답한 22가구의 월 부담액을 보면 매월 1~3만 원을 이자로 지급하는 가구가 6가구, 3~5만 원을 지급하는 가구는 9가구, 10만 원 이상 지급하는 가구가 4가구이다. 주택 소유형태별 월 이자 부담액을 보면 자가소유자는 6만 5,000원, 전세자는 5만 2,000원, 월세자는 4만 원으로 약간의 차이를 나타내고 있으며, 평균 5만 4,590원을 지급하고 있어 경제적 부담이 가중되었음을 보여준다. 이주 전후 가옥주의 유형을 비교해 보면, 이주 전에는 가옥주 중 외지인이 63%인 반면 이주 후에는 가옥주가 외지인인 경우가 26%에 불과하다〈표 7〉. 그러나 이주지가 일반 사유지인가 또 다른 재개발지인가에 따라 소유 가옥주와 외지인 가옥주의 비율이 다르다. 재개발지역으로 이사한 14가구 중에는 외지인이 가옥주인 경우가 6가구며 사

〈표 7〉 이주 전후 가옥주 유형

(단위 : 가구수, ( ) 안은 %)

	이 주 전	이 주 후
원 소 유 주	27 (36.0)	52 (72.2)
외 지 인	47 (62.7)	19 (26.4)
기 타	1 (1.3)	1 (1.4)
계	75(100.0)	72(100.0)

유지 정상주택으로 이주한 경우는 외지인 가옥주가 58가구 중 13가구로서 재개발지역의 경우 외지인 소유자 비율이 훨씬 높다. 이는 서울시의 다른 무허가정착지도 재개발을 겨냥한 부동산 투기가 상당한 정도로 진행되고 있음을 추측할 수 있는 수치이다.

이주 후의 주택유형을 보면 74% 정도가 단독주택으로 이주하였고, 연립주택이나 다세대주택, 아파트로 이주한 가구는 19% 정도에 이른다. 이를 주택소유형태별로 보면 자가, 전세, 월세자간에 큰 차이는 없으나 자가는 아파트나 연립주택으로 이주한 경우가 많고 월세자는 단독주택이나 다세대주택으로 이주한 경우가 많다〈표 8〉. 자가 가구 중 6가구가 비닐하우스나 판자집 등으로 이주했는데 이들 가구는 이주 전에 비하여 더욱 열악한 주거상태에 처한 가구들이다.[21)]

거주하는 방의 위치를 보면 이주 후의 주거상태가 나아졌다고 보기 힘든 가구가 많다. 이주 전에는 비탈길 옆에 위치한 가옥으로 반지하에 해당되는 방에 사는 경우가 2가구가 있었을 뿐 모두 1층에 살고 있었으나, 이주 후에는 반지하나 지하실에 위치한 방에 거주하는 가구가 13가구로 늘어났다. 이는 사유지의 정상주택으로 이주한 가구의 17.3%에 해당되는 수치이다. 93가구 중 재개발대상 주택으로 이주한 가구는 18가구로 전체 가구의 19.4%에 이른다. 다만 화장실과 수도 사정은 대체로 좋아졌다. 이주 전에는 옥내나 부엌

21) 강남구 세곡동의 비닐하우스로 이사한 ㄱ씨는 이주 전 130만 원에 전세를 살았는데, 시일이 지날수록 집주인의 이사요구가 빈번하고 더구나 벽에 금이 가 무너질 것만 같고 지붕이 새서 이사가기로 작정했다. 봄이 되면 다른 지역의 방값이 더욱 뛸 것이라는 걱정 때문에 쉽게 이주를 결정했다. 처음에는 사당동 인근 지역으로 이사가려고 했으나 방 1칸에 700~800만 원의 전세금이 필요해서 엄두도 내지 못하고 과천으로 방보러 갔다가 세곡동에 살림을 할 수 있는 비닐하우스가 나왔다고 해서 찾아갔다. 개인땅 100평 위에 비닐하우스가 들어섰고 안쪽으로 방 2칸이 놓여 있는데 건물 값으로 290만 원을 지불하고 땅값으로는 1년에 쌀 반가마 값을 주기로 했다. 전세금 130만 원과 분양권을 판매한 대금(250만 원)의 일부로 충당했다. 불량 주택이어서 주소도 없기 때문에 주민등록 이전이 되지 않아 동직원과 실랑이질을 벌이다가 길 건너 사유지에 사는 친척집에 주민등록을 옮겨 놓을 수 있었다. 전기는 들어오지만 편지는 전달되지 않으며 전화세도 우체국에 가서 납부해야 한다. 그러나 더욱 힘들고 걱정되는 사실은 이 집이 언제 철거될지 모른다는 점이다. 이 외에도 서초동 꽃동네의 비닐하우스는 이 지역주민의 주요한 이주대상지역이었으며 1987년말 현재 180~200만 원 정도면 구입할 수 있었다.

〈표 8〉 주택 소유형태별 가옥형태

(단위 : 원, ( ) 안은 %)

	단 독 주 택	연 립 주 택	다세대 주 택	아파트	기 타	계
자 가	13(61.9)	2(9.5)	2 (9.5)	3(14.3)	1(4.8)	21(100)
전 세	31(75.6)	4(9.8)	2 (4.9)	1 (2.4)	3(7.3)	41(100)
월 세	25(80.6)	0(0.0)	4(12.9)	0 (0.0)	2(6.5)	31(100)
계	69(74.2)	6(6.5)	8 (8.6)	4 (4.3)	6(6.5)	93(100)

에 수도가 설치된 가구가 48.9%였으나, 이주 후에는 77.2%로 증가하였고, 이주 전에는 100%가 재래식 화장실이었으나, 이주 후에는 수세식 화장실이 41.9%를 차지한다.

전체적으로는 이주 후에는 사용하는 방의 평수가 늘어나고 수도시설, 화장실 등이 다소 나아졌으나 주택가격이나 임차료의 상승에 따른 경제적 부담이 증가하고 가옥주의 32%가 세입자가 된 것으로 나타났다. 그러나 세입자가 된 가옥주 중에서 아파트 입주권을 소유한 가구가 4가구로서 이들을 제외하면 실제로 가옥주 중 세입자로 전락한 가구는 16%이다. 외지로 나간 이주자의 약 20%가 무허가주택으로 다시 이주하였다는 것도 주목할 만하다.

3. 이주 후의 생활환경의 변화

(1) 작업장 및 통근시간

도시빈민과 저소득층에 있어 주거지와 작업장은 쉽게 분리될 수 없다. 따라서 주거지의 이동은 단순히 주거차원에서만 고찰될 수 없으며 그들의 작업장과의 관계에서 이해되어야 한다. 급격한 도시화와 도시내 이농민의 증가로 도시는 모든 사람들에게 안정적인 직업을 제공하지는 못하지만, 경제활동이 활발한 도시 중심지나 부심지[22]에는 불안정하지만 다양한 취업기회와

22) 도심은 사대문안, 부심은 사대문 밖의 주요 상권 중심지역, 그리고 그 밖은 외곽으로 분류했다.

〈표 9〉 이주 전후 작업지역

(단위 : 가구수, ( ) 안은 %)

	가구주		부 인		계	
	전	후	전	후	전	후
도 심	5 (7.7)	4 (6.2)	5 (15.2)	5(15.2)	10 (10.2)	9 (9.2)
부 심	48 (73.8)	46 (70.8)	22 (66.7)	18 (54.5)	70 (71.4)	64 (65.3)
외 곽	2 (3.1)	2 (3.1)	2 (6.1)	3 (9.1)	4 (4.1)	5 (5.1)
위성도시	1 (1.5)	4 (6.1)	2 (6.1)	4 (12.1)	3 (3.1)	8 (8.2)
기 타	9(13.9)	9(13.8)	2 (6.1)	3 (9.1)	11 (11.2)	12 (12.2)
계	65(100.0)	65(100.0)	33(100.0)	33(100.0)	98(100.0)*	98(100.0)

일자리들이 널려 있으며, 이들은 도시빈민의 중요한 생계기반이 되고 있다. 이러한 특성 때문인지 이주 전이나 후나 '사당동 사람들'의 작업장은 도심 및 부심권에 몰려 있다〈표 9〉.

이주 전에는 가구주나 부인의 경우, 도심 및 부심권에 작업장[23]이 위치한 경우가 각각 81.5%, 81.9%에 이르며, 이주 후에도 가구주와 부인의 작업장이 도심 및 부심권에 위치한 경우가 77.7%와 69.7%로서 높은 비중을 차지한다. 다만 부인의 경우에 한하여 외곽이나 위성도시에 위치한 경우가 이주 전의 9.3%보다도 11.9% 늘어난 21.2%를 보인다.

한편 통근거리나 통근시간은 이주 후에 상당히 늘어난 것으로 나타났는데, 특히 남성 가구주들의 경우 이러한 현상이 뚜렷하다. 남성 가구주들의 경우 통근거리가 이주 전에는 4km 이하가 42.3%였으나, 이주 후에는 17.4%에 불과하며, 10km 이상되는 가구주도 23%에서 35%로 증가하였다. 통근시간으로 따져 보면, 이주 전에는 10분 미만이 27.9%, 10분 이상 30분 미만이 39.5%로 30분 미만의 통근시간이 67.4%를 차지한다. 그러나 이주 후에는 30분 미만의 통근시간이 37.2%며 30분 이상의 통근시간이 62.7%로서 이주

23) 건설노동자의 경우는 일정한 작업장이 없다는 것이 특징이다. 여기서는 같이 일하는 다른 일용노동자들과 만나서 일터로 떠나는 일용노동시장이나 약속장소를 작업장이라고 규정하겠다. 그러므로 이들이 실제 일하는 작업장은 항상 유동적이고, 통근거리와 시간은 그만큼 늘어난다고 보아야 한다.

〈표 10〉 이주 후 주거환경 변화에 대한 평가

(단위 : 가구수, ( ) 안은%)

	좋아졌다	똑 같 다	나빠졌다
교통수단	12(12.9)	35(37.6)	46(49.5)
학군	13(14.8)	46(52.3)	29(33.0)
수도사정	26(28.0)	46(49.5)	20(21.5)
시장과의 거리	12(13.0)	27(29.3)	53(57.6)
시장구매가격	4 (4.3)	35(37.6)	54(58.1)
방범·범죄	17(19.8)	57(66.3)	12(14.0)
쓰레기처리	44(47.3)	37(39.8)	11(11.8)
이웃관계	16(17.2)	39(41.9)	36(38.7)
골목사정	58(63.7)	13(14.3)	20(22.0)
공해(공기, 소음, 악취)	51(56.0)	16(17.6)	24(26.4)
병원이용	16(18.0)	58(65.2)	15(16.9)

전과는 많은 차이가 난다. 이는 주거지는 다소 도시 외곽으로 나간 반면, 대다수 가구주의 작업장이 부심을 벗어나지 않은 결과로 보여진다. 결국 이주로 인하여 주거지와 작업장의 거리가 멀어졌으며, 이는 다시 통근시간의 증가를 가져왔다고 여겨진다. 교통수단의 변화를 살펴보면 이주 전에는 도보로 통근하는 경우가 24.6%, 지하철 이용도 27.9%였으나 이주 후에는 도보나 지하철 이용자가 각각 11.7%, 15%로 훨씬 줄어들고 상대적으로 버스 이용자가 늘어났다.

(2) 생활환경의 변화

이주는 고용이나 교통편뿐 아니라 생활환경에도 많은 변화를 가져온 것으로 나타났다. 그러나 〈표 10〉에서 보는 것처럼 이주 후의 생활환경이 매우 좋아졌다고 보기는 힘들다. 즉 11개 항목에서 상당히 좋아졌다고 대답한 경우는 '골목사정'과 '소음공해', '쓰레기처리' 등의 문제뿐이고, 대다수가 주거문제에 대해서는 악화되었다는 응답을 보여주고 있다. 이러한 결과는 이들이 특별히 더 좋은 주거지로 이주했다기보다는 골목사정, 소음악취, 쓰레기처리 문제 등에 있어서 사당동지역이 상대적으로, 절대적으로 열악했다는 사실을 반증하는 것으로 해석할 수 있다. 한편 나빠졌다고 대답한 시장구매가격, 시

〈표 11〉 이주 전후 이웃관계의 변화

(단위 : 가구수, ( ) 안은 %)

		없 음	1~3집	4집 이상
부부싸움 등을 이야기함	전	41(44.1)	31(33.3)	21(22.6)
	후	69(76.7)	18(20.2)	3 (3.3)
1만 원 내의 돈 융통	전	22(23.7)	41(44.1)	30(32.1)
	후	62(67.3)	23(25.0)	7 (7.6)
양념 등을 빌림	전	45(48.4)	30(32.1)	18(19.5)
	후	71(77.2)	17(18.5)	(4.3)
외출시 집 부탁	전	39(41.9)	31(33.3)	13(24.8)
	후	64(69.6)	24(26.1)	4 (4.3)
연탄불 갈아 주기	전	50(53.8)	34(36.6)	9 (9.6)
	후	73(79.3)	17(18.5)	(2.2)
아이들 부탁	전	56(60.2)	29(31.2)	8 (8.6)
	후	72(19.1)	17(18.7)	2 (2.2)
백일 · 생일 등에 초대	전	29(31.2)	21(22.6)	33(35.5)
	후	68(75.6)	15(16.7)	7 (7.7)
수시로 방문 가능	전	14(15.1)	33(35.5)	46(49.4)
	후	54(60.0)	27(30.0)	9(10.0)

장과의 거리, 교통수단, 이웃관계, 학군 등의 항목이 지역주민들의 생활과 더욱 밀접한 관계를 맺고 있다는 사실에 비추어 볼 때 전반적으로 생활환경이 더 나빠졌음을 알 수 있다. 또한 사당동이 그 형성초기와는 달리 그 동안의 도시화와 도시공간의 재구조화로 인해서 생활환경이 많이 개선되었고, 도시빈민이나 저소득층에게 편리한 주거공간으로 형성되었음을 의미한다.

다음은 이주 전후의 이웃관계를 비교한 것이다〈표 11〉. 약 8개 항목에서 부탁할 수 있는 이웃의 수를 물은 결과, 각 항목에서 없다고 응답한 가구가 이주 전에는 30~40%를 넘지 않았으나 이주 후에는 평균 70%가 넘는다. 특히 수시로 방문할 수 있는 이웃이라는 항목에서는 없다고 대답한 가구가 이주 전의 15.1%에서 이주 후의 60.0%로 크게 늘어났다. 또한 이웃집으로부터 1만 원 정도의 돈도 융통할 수 없는 가구비율도 이주 전에는 23.7%에서 이주 후에는 67.3%로, 그리고 생일 등의 경사에 이웃을 전혀 초대하지 않는 가구도 75.6%로 늘어났다. 특히 친근한 이웃으로 4집 이상을 꼽는 가구수는 이주 후에는 매우 드물다. 이주 전에는 수시로 방문할 수 있는 이웃이 4집 이상인 가구가 49.4%인 데 비해 이주 후에는 10% 정도이며 다음으로 생일 등의 초대의 경우에서도 이주 전에는 35.5%였으나 이주 후에는 7.7%로, 그리고 1만원 내외의 돈 융통의 경우 32.1%에서 7.6%로 줄어들었다. 이는 이주 후 동일 주택내의 거주 가구수가 평균 3.7가구인 것에 비추어 대다수의 가구는 동일 주택내의 이웃과도 긴밀한 관계를 아직 맺지 못하고 있음을 보여준다. 이주 전에는 동일 주택내의 평균 거주 가구수가 2.7로 이주 후보다 평균 1가구가 적음에도 불구하고 각 항목에 대해서 이웃관계가 있다고 응답한 가구가 평균 60~70%를 넘으며 4가구 이상, 즉 동일 주택을 벗어나 이웃관계를 형성하고 있다고 응답한 경우가 대부분의 항목에서 30~40%를 상회하고 있다. 이는 이들에게 있어 이웃관계가 매우 중요한 생존전략의 자원이기도 하다는 점에서 이주 자체가 이들의 생존전략 자원에 일정 정도 타격을 주었다고 할 수 있다.[24)]

4. 잔여 가구들의 이주대책

이 절은 자진철거가 시작된 지 1년이 지난 1988년 2월 현재 남아 있는 가구들 중에서 무작위 표본 추출한 100가구를 대상으로 한 이주대책에 대한 설문조사의 결과를 분석한 것이다. 설문조사 당시 남아 있는 가구는 전체 가구의 30% 수준으로서 70%가 이미 이곳을 떠난 상황이었다. 먼저 주택 소유형태를 보면, 자가소유자는 26가구이며 전세는 44가구, 세입자는 28가구로 세입자가 대다수를 차지한다.

24) 물론 이 조사가 이주 6개월 이내에 행해졌기 때문에 시간이 지나면 이주 전 상태로 복귀할 수 있는 가능성은 있지만 적어도 상당기간 이웃관계라는 생존자원이 상실되었음을 보여준다.

사업이 추진되기 전 이 지역의 가옥주와 세입자의 비율이 반반이었던 것에 비하면 세입자의 비중이 상당히 증가한 셈이다. 이는 자가소유자들이 더 많이 이곳을 떠난 데 기인한다. 더욱이 가옥주의 경우 원주민은 40.7%인 반면, 외지인이 59.3%이다.

이는 현재 철거되지 않은 가옥의 많은 수가 외지인에게 전매되었음을 의미한다. 세입자운동이 일어나기 전까지는 원주민이 가옥을 외지인에게 전매할 때에는 일정 기간이 지나면 철거를 위해 집을 비워 주는 조건으로 계약하여 전매는 바로 가옥철거로 이어지는 것이 관례였다. 그러나 세입자들의 철거반대운동이 확산되면서 집주인이 이사를 가더라도 집을 비워 주지 않는 세입자들이 점차 늘어나기 시작했다. 세입자가 이주해서 빈 가옥이 생기면, 오히려 다른 세입자들이 점거하여 철거를 원칙적으로 봉쇄하는 방법을 사용하고 있다. 따라서 동일 주택내에 거주하는 평균 가구수도 현저하게 줄어든 상태이다.

1988년 2월 현재 남아 있는 가옥주들의 주택가격은 평균 4,000만 원 정도로 1987년에 떠났던 가옥주들이 주택을 전매할 때 받은 가격 2,500만 원보다도 1,500만 원 정도가 올랐다.[25] 또한 세입자들의 임차료에 대해 전세금과 월세 보증금을 이 지역에서 계산되는 방식대로 2부이자로 계산해서 환산하면 월세 3만 원 이상 5만 원 미만이 31.8%로 가장 많으며 5만 원 이상 7만 원 미만이 27.0%, 7만 원 이상 10만 원 미만이 23.8%를 차지한다. 전세의 경우 전세 보증금이 100만 원 이상 200만 원 미만이 18가구로 40.9%를 차지하고, 300만 원 이상 500만 원 미만이 25%, 200만 원 이상 300만 원 미만이 22.7%를 차지한다. 월세로 들어 있는 세입자의 보증금은 10만 원 미만이 33.3%로 가장 많고, 다음은 50만 원 이상 100만 원 미만이 25.9%, 30만 원 이상 50만 원 미만이 22.2%이다. 따라서 월세 보증금이 50만 원 미만인 경우가 75%에 이르고 있어 이들이 이 지역을 제외하고 다른 곳에서 방을 구한다는 것은 불가능한 일일 것임을 짐작케 한다.

이들의 이주대책은 거의 막막한 상태였다. 이 지역을 떠나지 않은 이유에

25) 남아 있는 주택의 가격이 매우 다양한 분포를 보이는 것은 무허가주택이 점유한 평수의 차이에 따른 것이다.

〈표 12〉 이주하지 않는 이유

(단위 : 가구수, ( ) 안은 %)

	자 가	전 세	월 세	계
이사할 곳이 없어	1 (3.8)	21 (47.7)	16 (57.2)	38 (38.8)
이주보상을 더 받기 위해	2 (7.7)	4 (9.1)	1 (3.6)	7 (7.1)
현재 방을 구하고 있는 중임	2 (7.7)	3 (6.8)	2 (7.1)	7 (7.1)
아직 집주인이 나가라고 하지 않아	0 (0.0)	8 (18.2)	3 (10.7)	11 (11.2)
이사할 생각이 없어	7 (26.9)	4 (9.1)	2 (7.1)	13 (13.3)
기 타	14 (53.9)	4 (9.1)	4 (14.3)	22 (22.5)
계	26(100.0)	44(100.0)	28(100.0)	18(100.0)

〈표 13〉 잔여 가구의 이주 예정지역

(단위 : 가구수, ( ) 안은 %)

	자 가	전 세	월 세	계
인접 사유지	18 (69.2)	14 (32.6)	11 (40.7)	43 (44.3)
서울시내 무허가지	0 (00.0)	5 (11.6)	1 (3.7)	6 (6.2)
서울시내 다른 사유지	1 (3.9)	4 (9.3)	3 (11.1)	8 (8.2)
서울주변도시	1 (3.9)	2 (4.7)	1 (3.7)	5 (5.2)
기 타	1 (3.9)	1 (2.3)	2 (7.4)	4 (4.1)
아직 생각해 보지 않았음	5(100.0)	17 (39.5)	9 (33.4)	31 (32.0)
계	26(100.0)	43(100.0)	27(100.0)	97(100.0)

대한 응답은 이러한 사실을 뒷받침해 주고 있다〈표 12〉. 세입자는 이사할 곳이 없다고 대답한 세입자가 50% 이상을 차지한다. 이에 비해 자가소유자는 1가구만이 같은 이유를 대고 있었다. 세입자 중 '방을 구하는 중'이라고 대답한 경우가 7.1%로서 대다수가 자발적인 이주 가능성이 없는 것으로 보여진다. 특히 아직 이사갈 생각이 없다고 대답한 13가구 중 자가소유자는 7가구로 세입자보다도 많으며, 자가소유자의 50% 이상이 '기타'에 답하고 있어 자신들의 입장을 분명히 밝히지는 않고 있다.

이들이 생각하는 이사 예정지를 살펴보면 전체의 44.3%가 인접 사유지로 이사할 계획이며, 특히 자가소유자의 경우 69.2%가 인접 사유지로 이주할 것이라고 대답하고 있다. 반면 전세, 월세자는 각각 32.6%, 40.7%만이 인접 사유지로 이사갈 생각이다〈표 13〉.

한편 다른 무허가지역에 갈 계획인 가구가 6.2%, 인접 지역 외에 다른 사유지가 8.2%, 서울 주변도시는 5.2%, 기타 4.1%를 나타내고 있다. 그리고 전체의 32.0%가 이사갈 생각을 해보지 않았다고 대답하고 있는데, 자가소유자는 19.2%가 전세, 월세는 각각 39.5%, 33.3%가 이러한 답변을 하고 있다. 즉 세입자들의 상당수는 이주 가능성 자체를 염두에 두지 않고 있음을 알 수 있다. 이들이 거주지를 정하는 데 가장 중요하게 고려하는 조건은 자녀학교가 32.6%로 가장 많고, 다음이 생업기반(25.6%), 저렴한 주거비(16.2%), 직장근처(14.0%)의 순이다. 그리고 생업기반과 직장근처를 합해 보면 주거지 선정에 있어 생계와 연관시켜 거주지를 선택하는 비율이 가장 높고 다음이 자녀학교라고 볼 수 있다.

남아 있는 가구들 중 재개발사업이 완료된 후에 신축 아파트에 입주할 가구수는 극히 적은 수에 불과하다. 세입자 가구들은 아파트 분양권이 없을 뿐만 아니라, 그들의 경제적 조건 때문에 분양받기로 되어 있는 방 1칸에 입주할 능력이 없어 권리를 전매하고 이주한다. 아파트 입주권이 주어지는 자가소유자 26가구 중에서도 6가구(23%)가 이미 가옥(아파트 입주권)을 전매하고 곧 이사갈 예정이며 나머지 가구들은 입주를 고려하고 있다고 대답했다. 그러나 입주할 가구 중에서도 1년 이내 전매하고 나갈 것이라고 대답한 가구가 14가구로서 나머지 5가구만이 새로 지은 아파트에 들어가 계속 거주할 생각이라고 답했다.

VI

재개발의 의미

1. 재개발의 차등적 결과

재개발의 의미는 사당동 지역주민들에게 각각 다르게 나타났다. 특히 그들이 가지고 있는 자원에 따라 재개발에 대한 대응양식이 달랐고 재개발의 영향이나 결과도 달랐다. 이러한 차등적 영향이나 결과를 초래한 가장 큰 변수는 물론 자가소유 여부였지만 기타 현금동원능력이나 다른 자원의 차이도 재개발의 과정에서는 증폭되어 나타났다. 재개발사업은 어떤 사람들에게는 일약 떼돈을 벌 수 있는 호기를 만난 것 같은 착각을 가져다 주기도 했고 실제로 그런 사람도 몇 있었지만 많은 사람들은 주거비가 더 비싼 지역으로 또는 더 열악한 지역으로 속수무책인 채 밀려 나갔다. 우리의 심층연구대상 사례가구들 또한 그러했다.

사례 가구들을 보면 재개발 대처형태에서 크게 두 가지로 나뉘는데 하나는 강제철거가 들어오기 전에 자진철거형태로 이주한 경우이며 다른 하나는 강제철거시까지 남아 약 1년 6개월 동안을 폐허화된 지역에 살면서 때로 강제철거에 항의도 하고 이주대책에 조직적인 대응을 한 경우다. 전자의 경우는 자가가 많았고 후자의 경우는 세입자가 많았으며 후자의 경우 끝까지 남아 상당한 보상을 받은 경우도 있었다. 사례 가구 22가구 중 1988년 10월 1차 강제철거 이전에 이주한 가구는 10가구며 이 중 8가구가 외지(사당동 밖)로 이주했고 2가구는 동네 안에서 이주했다. 외지로 이주한 8가구는 자가 가구가 4가구, 전세 3가구, 월세 1가구였다. 남아 있는 가구는 자가 2가구, 전세 6가구, 월세 6가구 등 14가구인데 자가 2가구 중 1가구는 외지에 연립주택을 구입해 이주를 끝냈으므로 자가가구 중 남은 가구는 1가구인 셈이었다. 월세 가구는 7가구 중 1가구만 떠나고 6가구가 남았고 전세 가구는 9가구 중 3가구가 떠나고 6가구가 강제철거가 들어올 때까지 남았다.

강제철거 이전에 이주한 사례 가구들의 재개발 대처방안이나 재개발의 영향과 결과를 보면 대개 세 가지로 유형화된다. 첫째는 재개발이라는 사건을 자산을 증식시키거나 생활상태를 호전시키는 기회로 삼은 가구들로서 자가를 소유하고 있었거나 약간의 여유자금이라도 있었던 가구들이 여기에 속한다. 쌀가게를 한 A씨 가구가 대표적인 경우이며 B씨와 C씨 가구가 여기에 속한다. A씨는 사당동에 쌀가게가 딸린 자가를 소유했으며 쌀가게에서 월 20만 원 정도의 수입과 타지에 몇 개의 부동산을 가지고 있어서 들어오는 수입 및 미혼자녀들의 수입을 합쳐 1987년 당시 월평균 125만 원 정도의 고정수입이 있는 자산가였다.

그는 자진철거가 시작되자 3개월 후 27평짜리 쌀가게가 딸린 자가를 3,400만 원에 팔고 6년 전 일반 사유지에 사 놓은 이층 상가주택으로 이사했다. 새로 이주한 집은 지하에 점포 1개가 있으며 1층도 상가로서 3개의 점포가 있고 2층에는 살림집으로 방 4개가 있는데 지하와 1층의 점포는 모두 세를 주고 2층의 방 하나도 세를 주어 한 달에 40만 원 정도의 임대료 소득을 얻게 되었다.[26] 이 집은 사당동 집과는 비교가 안될 만큼 깨끗하고 수세식 화장실과

26) 이 집은 A씨가 1982년에 7,000만 원에 사 놓았는데 1988년에는 1억 2,000만 원 정도가 나갔다.

입식 부엌, 거실 등을 갖추고 있으며 사당동 거주시의 집안 살림살이는 거의 버리고 장농을 비롯한 모든 가구류를 새로 구입하였다. A씨 가구의 생활상태나 생활수준의 변화는 현격하며 이는 재개발이라는 사건이 촉매작용을 하기는 했지만 원인은 아니다. 즉 A씨 가구의 변화는 원래 가지고 있던 자산에 힘입은 것이다. 그러나 A씨가 재개발과정에서 상당한 재산을 증식한 것 또한 사실이다. 이는 주로 아파트 분양권을 소지했거나 아파트 분양권 매매의 중개를 통해서였다. A씨는 1987년 1월에 사당동을 떠났지만 실제로는 여러 채의 가옥을 사당동에 가지고 있었고 1988년 봄부터는 부동산 소개소를 사당동에 개업했다.

A씨만큼은 아니지만 그래도 재개발을 통해 자산상태가 좋아지거나 주거조건이 좋아진 자가 가구로 B씨와 C씨 가구가 있다. B씨는 살던 가옥을 부동산가격이 오른 1988년 1월에 3,700만 원에 팔고 인근 S동에 방 7개가 있는 집을 6,000만 원에 구입했다. 주택구입 차액 2,300만 원은 방 5개를 전세놓아 해결했다. 가족이 쓰는 방수는 이주 전이나 후나 똑같이 2개이며 전세금으로 주택구입 차액을 충당하기는 했으나 사유지에 평수가 40여 평되는 집을 구입했다는 점에서 재개발과정에서 자산상태를 호전시킨 사례로 볼 수 있다. C씨 가구도 B씨 가구와 비슷한 경우로서 원래 살던 사당동 집을 3,200만 원에 팔고 인근 사유지에 방 3칸짜리 양옥집을 4,000만 원에 구입했다. 구입 차액 800만 원은 방 1칸을 전세냄으로써 해결했다. C씨 가구는 이전과 마찬가지로 방 2칸을 쓰고 있으며 방 크기도 별로 커지지는 않았지만 주거조건은 월등하게 좋아졌다. 이 세 가구의 경우는 모두 사당동에서 자가를 소유함으로써 어느 정도의 재개발혜택을 받아 주거조건이 호전되었고 자산도 증식된 경우이다. 그러나 재산증식에서 재개발이 A씨와 B씨 및 C씨에 미친 효과는 크게 차이가 난다. 이는 원래 그들이 가지고 있는 자산의 차이에 따른 것이다.

한편, 양말행상을 하는 V씨 가구의 경우는 자가를 소유하지 못했던 가구가 이주하면서 집을 장만한 예외적인 경우다. V씨 가구는 사당동에서 350만 원에 전세로 살았으나 재개발로 지역이 시끄러워지자 이주보상 전에 이사했다. 그 후 1년 뒤에 사당동 근처에 2,200만 원짜리 아파트를, 융자금 800만 원을 안고 구입해서 살고 있다. 이 가구는 상당액의 저축액이 있었기 때문에 자가로의 이주가 가능했다. 가구주 V씨는 N시장에서 '리어카' 양말행상을 하는데 가끔씩 중간 도매상 노릇도 해서 월평균 80만 원 이상의 소득이 있으며 많이 벌 때는 한 달에 150만 원을 벌 때도 있다. 노모, 남동생, V씨 부부와 아들 등 식구가 많기는 하지만 수입의 반 정도를 가옥 구입을 위해 저축해 왔다. 이 가구는 이주과정에서 보상도 받지 못했으며 재개발과정 자체가 경제적으로 특별한 영향을 미치지 않은 가구다. 다만 V씨 가구가 사당동에서 얻은 혜택은 그 동안 주거비가 싸서 생활비를 줄인 정도이다.

둘째는 현상유지 가구들로서 사당동에서 이주하면서 자산이나 주거조건에서 별다른 변화가 없었던 가구들이다. 이 중에는 자가를 소유했던 가구들도 있으나, 빚이 있거나 수입이 불안정한 가구들이어서 주거조건에서도 겨우 현상을 유지하는 정도이며 외형상 자산의 증식도 이루지 못했다. 전형적인 사례로서 E씨 가구를 들 수 있는데 E씨의 경우는 10평짜리 집을 소유하고 있었으며 2,000만 원에 팔고 불량주거지인 B동에 같은 크기의 무허가주택을 1,300만 원에 구입하여 이주하였다. E씨는 아파트 경비로 일하면서 월수입 21만 원, 부인은 도배잡부로 월평균 9만 원 정도를 벌었으나 생계비가 모자라 총500여 만 원의 빚을 지고 있었다. 사당동 집을 팔아 빚을 갚고 남는 액수의 범위에 맞춰 가옥을 구입해 이주했다. E씨 가구의 경우 아들이 셋, 큰아들과 동거하는 며느리까지 합쳐서 6식구로서 식구가 많은 편인데, E씨 부부 이외의 다른 가구원의 수입이 없다. 큰아들은 기술학원 등을 다니며 놀고 있고 며느리 또한 놀며 나머지 아들은 재학중이어서 부부의 수입만으로는 생활비가 모자라 매월 적자가 쌓였다. 1986년 조사 시작 당시 100여 만 원이던 빚이 현재는 500여 만 원 정도가 되었다. 빚을 갚을 길이 막연하던 때에 재개발로 집값이 약간 오르자 처분하고 주거조건이 비슷한 불량주거지에 가옥을 구입해 이주함으로써 빚 문제를 해결한 셈이다. 10평짜리 자가를 가지고 있던 P씨 가구도 강제철거 때까지 이주는 안했지만 사당동 자가를 팔아 인근 사유지에 2,400만 원짜리 연립주택을 사서 이주 준비를 끝냈으며 특별히 재산상의 변화가 없었던 경우다.

한편 전세입자 가구 중 일찍 이주한 L부인 가구와 사당동내이주를 한 S씨 가구들 모두 현상유지 가구들이다. 묵행상을 하는 L부인의 경우는 사당동에 전세 250만 원짜리 방 한 칸에서 살다가 목동에 700만 원짜리 전세방을 얻어 이주했다. 그러나 L부인은 실제로는 보증금 350만 원을 우선 내고 차액을 월 2부로 계산한 7만 원을 월세로 내면서 사당동의 세입자 딱지 가격이 오르면 팔아 전세금을 마련할 계획이었다. L부인이 이주할 당시는 딱지값이 250만 원이었으나 1년쯤 뒤에는 딱지값이 전세보증금을 갚고도 남을 정도로 올랐다. 그러나 이주한 동네는 주변은 좀 깨끗하지만 시장과의 거리나 교통편이 불편하고 이웃과의 왕래도 없다. 방 또한 차고를 개조해서 만든 반 지하실 방이어서 부엌보다도 높이가 낮고 햇볕이 거의 안들어 주거조건은 크게 나아진 것이 없다.

셋째로는 재개발이주로 생활상태가 더욱 열악화된 경우로서 이 경우는 월세 가구 중 유일하게 이주한 R씨 가구와 전세 가구인 U씨 가구를 들 수 있다. R씨 가구는 1987년 3월 자진철거가 시작되자 곧 방을 보러 다니다가 인근 상도동지역에 보증금 40만 원에 월 5만 원짜리 월세로 이주했다. R씨 가족은 재개발지역이 철거되어 이주가 시작되면 인근 재개발지역 전세값과 월세값이 오를 것이라는 계산 때문에 보상도 없는 상태에서 빨리 이사를 결정했다. R씨는 사당동에서 자랐으며 결혼하면서 월세방도 사당동에 얻어 분가했고, 약 22년 동안 사당동을 떠난 적이 없었다. 사당동에서는 보증금 30만 원에 월세 5만 원을 내고 살았으며 철거이주에 대비, 이사하기 1년 전부터는 방세를 내지 않아 주인집과 말다툼이 잦았다. R씨네가 새로 이사가면서 낸 보증금 40만 원은 월세를 내지 않고 모은 돈이다. R씨 부인은 주변의 전세, 월세값이 뛸 것이라는 소문만 듣고 철거시 보상에 대해서는 전혀 정보가 없었다. R씨는 미장일을 하는 건설노동자며 R씨 부인은 시장에서 호떡 장수를 했기 때문에 동네 사람들과 어울릴 시간이 없어 이주에 대한 정보를 갖지 못했다. 몇 년 전 인근 가마니골에 살다 철거당했을 때 30만 원의 보상을 받았기 때문에 그 정도의 보상이라면 차라리 집주인한테 월세를 안내고 모아서 일찍 싼 방을 구해 나가는 편이 낫다고 생각하며 빨리 이주했다. R씨는 상도동으로 이주한 후에도 사당동로터리에서 일자리를 구하고 있으며 R씨 부인은 이사한 동네가 시장과 멀다는 데 착안, 동네에서 야채행상을 생각해 보기로 했으나 곧 그만두고 봉천동에 있는 의류보세집에서 실밥 따는 일을 하는

데 사당동처럼 하청업을 하는 집이 없어서 봉천동까지 나가서 일을 하게 되었다.

재단사 U씨의 경우는 250만 원짜리 전세로 있다가 봉천동 무허가지역에 350만 원짜리 전세를 얻어 이주했다. 이주 보상금 150만 원을 받아 이 중 100만 원을 전세금에 보탰고 나머지는 이주비로 썼으며 새로 이사한 지역은 주거조건이나 교통조건, 학군 등이 사당동에 비해 더 열악한 지역이며 실제 거주하는 방도 더 작은 편이다. 이 가구도 R씨 가구와 마찬가지로 사당동의 이주가 본격화되면 인근 재개발지역의 전세, 월세값이 오를 것을 우려하여 1987년 11월 세입자 딱지를 150만 원에 팔고 빨리 이주했다. U씨 가구의 생활은 우선 주거조건이 더 열악해졌을 뿐 아니라 단골 거래처와의 거리가 더 멀어졌고 U씨의 일과 관계가 많은 '오버로크'를 치는 일 등 재단일에 딸린 부수적인 일을 할 사람들이 이사한 동네에는 없기 때문에 여러 가지로 더 불편해졌고 일감도 줄어들어 생활이 더 어려워졌다.

한편 강제철거가 들어올 때 까지 남았던 사례 가구들 중에도 재개발을 통해 자산의 증식 또는 최소한 생활상태의 도약을 의도한 가구들과 이주에 대한 아무런 대책이 없어 속수무책으로 남아 있는 가구들로 나누어 볼 수 있다. 전자에 속한 가구들로는 Q씨, J씨, N부인 가구들이며 후자의 경우는 대부분 월세 가구들이다. Q씨가는 사례 가구 중 자가 가구로는 유일하게 강제철거가 들어올 때까지 남았던 가구로서 아파트가 들어올 때 상가아파트에 입주할 수 있는 권한을 얻을 수 있지 않을까 하는 기대 때문에 남아 있었다. 왜냐하면 Q씨 가옥은 사당동의 소방도로변에 있어 미장원을 했기 때문이다. Q씨 가옥은 20평 정도로 재개발 시작 직전에는 시가가 300만 원 정도였으나 이주철거가 시작되자 4,500만 원으로 올랐고 1988년 강제철거가 들어오기 직전에는 7,000만 원에 팔으라고 해도 팔지 않았다. 강제철거가 시작되어 동네가 거의 폐허상태인 때에도 Q씨 부인은 그럭저럭 미장원을 하면서 가옥값이 더 오르기를 기다렸고 여유자금으로 인근 B동 재개발지역에 몇 채의 무허가가옥을 사고 팔아서 상당액의 뭉돈도 벌었다. Q씨는 그대로 개인택시를 계속해서 생활은 더욱 여유가 있어졌다. Q씨 가구는 그러나 아파트상가를 분양받을 가능성도 없고 아파트입주시까지 기다리는 것도 마땅찮아 결국 아파트입주를 포기하고 2차 강제철거가 들어오기 직전 9,500만 원에 집을 팔고 인근 사당동의 사유지에 가게 있는 집을 사서 미장원을 빨리 시작하는 쪽으로 결정했다.

사례 가구 중 가장 안정된 직장과 수입이 있었던 J씨 가구도 재개발 보상을 받으면 좀 나은 조건으로 이주할 생각으로 강제철거가 들어와도 남아 있었던 경우다. J씨는 작은 회사의 영업사원으로 월 43만 원의 수입이 있었고 부인은 가내부업으로 월 2~3만 원의 소득이 있어 이 중 상당액을 주택부금에 들어 적어도 주택부금이 끝날 때까지는 이 지역에 머물 예정이었다. 그러나 재개발로 인한 이주가 예정보다 빨라 처음에는 당황했으나 세입자 분양가격이 오르면서 마지막까지 이를 보유하고 있다가 1990년 4월 세입자 딱지 가격으로는 가장 높은 1,800만 원에 팔았다.

다른 세입자 가구들이 세입자 딱지를 팔아야 옮겨 갈 거처를 마련할 돈을 준비할 수 있었던 데 비해 J씨는 잘사는 친척집에 얹혀 지내면서 세입자 딱지 가격이 최고로 오를 때 까지 기다렸다. 초기 이주자 U씨가 이주 보상금으로 150만 원을 받았고 D씨나 M씨 등 많은 월세 가구들이 500~600만 원을 받고 딱지를 팔은 것에 비하면 굉장히 돈을 번 셈이다. J씨는 일반 사유지에 방 두 칸을 2,000만 원 전세로 얻어 이주했고 다니던 직장을 그만두고 조그만 건축자재 사업을 시작했다. 그러나 J씨 부인은 '문을 꽉꽉 쳐잠그고 사는' 중산층 주거지가 답답하고 사당동처럼 부업거리도 얻을 수 없어 일반 사유지로 이사해 온 것을 크게 좋아하지 않았다. N부인 가구 또한 재개발과정에서 자산의 증식을 꿈꾸었던 가구로서 가죽하청업을 일시 중단하고 그 자본으로 세입자 딱지를 몇 장 사두었다가 인근 사유지에 아파트를 구입해 나갔다. 사당동에서 전세 300만 원에 살았기 때문에 처음 세입자 딱지를 구입할 때는 다른 지역의 전세 보증금을 확보하는 것이 목적이었으나 작은 아파트를 살 수 있었다.

Q씨 집에 전세들어 살았던 O씨 가구는 재개발로 좀 나은 집으로 이주할 꿈을 가지고 있었으나 별로 그렇지 못한 경우다. O씨 부인은 과자도매상을 하면서 1차 강제철거가 들어왔을 때는 항의시위를 하기도 했으나 그 후 곧 세입자 딱지를 650만 원에 팔아 원래 가지고 있던 저축과 전세금 450만 원을 합쳐 사당 3동에 1,500만 원 짜리 전세를 얻어 이주했다. 이곳은 Q씨와 N씨

등도 이주한 동네다. O씨 가구의 전세금은 1,500만 원으로 사당동 살던 때에 비하면 굉장히 늘어났지만 실제 생활조건에는 큰 차가 없으며 재개발로 이주하면 방 하나를 따로 주기로 했던 약속을 큰아들에게 지키지도 못했다. 큰아들은 이주하면서 O씨 여동생 가게에 취직하여 거기에서 먹고 자며 지낸다. 이 가게는 O씨가 처음 단신 상경하여 몸을 의탁하고 점원일을 했던 집이기도 하다. Q씨와 O씨 가구는 7년 전 집주인과 전세입자로 만나 사당동에서 5년간 같이 살았고 재개발로 인해 이주하면서도 같은 동네로 이주해 가깝게 지내는 사이지만 이들의 생활의 차이는 재개발 이주 이후 현격하게 달라졌다. Q씨는 2억 원이 넘는 집주인이 되었고 아들은 대학에 갔으며 O씨는 여전히 방 한 칸 전세에 아들은 가게점원이 되었다. 7년 전 크게 차이가 없던 이 두 가구는 자가와 세입자가 재개발로 인해 얼마나 어떻게 달라질 수 있는가를 보여주는 아주 극단적인 사례가 되었다.

한편 강제철거시까지 남아 있던 전세 가구 I씨, M씨, 월세 가구인 D할머니, F씨, T씨, G씨, H부인, K부인 가구 등은 이주에 대해 아무런 대책이 없었던 속수무책인 가구들이었는데 재개발과정을 통해 보여준 이들의 변모는 주목할 만한 것이었다.

월세 가구인 D할머니 가구, F씨 가구, G씨 가구, H부인 가구, K부인 가구, T씨 가구들의 경우, 모두가 보증금 50만 원 이내에 4~5만 원씩의 월세를 내고 살고 있었으며 이 중 상당수는 월세를 못 내어 보증금 자체를 없앤 상태이다. 그리고 여성 가구주를 빼놓는다면 가구주들이 모두 건설노동 및 일용노동자들로서 이 근처에서 일을 구해서 살고 있고, 월평균 수입이 30만 원 선을 넘지 못했다. 이들의 노동은 계절 취업적 성격이 강해 건설의 성수기에 약간씩 모은 돈을 비성수기의 생활비와 해마다 오르는 방세에 충당해 왔다. 이들에게는 동원할 수 있는 현금능력이 거의 없으며 그들의 거처를 위해서 투자할 수 있는 자원을 가지고 있지 못했다. 이들이 어떻게 이주할 수 있을는지 예측이 전혀 불가능했고 특별한 보상이나 지원책이 없는 한 속수무책이었다. 강제철거가 들어오면 당하거나 저항할 수밖에 없는 가구들이었다. 이들 중 일부는 세입자운동에 관여하기도 했지만, 대부분은 결국 시장기제에 포섭되었다.

D할머니 가구는 2차 강제철거까지 남아 있다가 인근에 싼 방이 있을 때 이주하기 위해 세입자 분양권을 570만 원에 팔았다. 이 중 10만 원을 부동산에 소개비로 내고 115만 원으로 사당동 철거 경험을 살려 교대역 근처에 주인이 여럿 있는 사유지의 무허가주택을 구입하여 보증금 50만 원에 월 5만 원씩을 받고 세를 주었다. 땅 소유주가 7명이나 되지만 철거 때 보상금을 좀 받을 수 있지 않을까 생각하고 또 월세를 받을 수 있어 최악의 경우 115만 원을 버릴 셈으로 큰 마음먹고 투기를 해 놓은 것이다. 남은 돈으로 사당동 가까운 사유지에 사당동 살 때와 비슷한 조건의 방을 월세 3만 5,000원에 보증금 400만 원을 내고 이주했으며 전축을 하나 구입하고 그 동안 생활비 적자로 진 빚을 갚았다. 아들과 손자 손녀 5명이 방 하나에 살며 방안 살림도 전축 하나 들여놓은 것 빼고는 달라진 것이 없다. 아들 D씨는 계속 일용노동자로 일하며 1991년 현재 일당이 5~6만 원으로 1986년 조사 시작 당시에 비해 3배 이상 높지만 방값과 물가 등이 올라 생활은 크게 나아진 것이 없다. 아직도 사당동 로터리에는 일용노동자들이 모이지만 그 수가 100명 수준으로 규모가 크게 줄었고 대신 전문적인 용역 업체가 생겨 전화로 일을 알선하면서 1건당 5,000원씩의 수수료를 받고 있다. 단신으로 상경하여 사당동에 정착했던 총각 M씨도 세입자 딱지를 580만 원에 팔았고 여기에 사당동 살던 전세값과 저축을 약간 보태어 성남시로 이사했다가 다시 사당동 로터리 가까운 봉천동 산동네로 옮겼다. 700만 원 전세에 방 두 칸을 얻어 시골에 계시던 부모님을 모셔 왔다. 여성 가구주였던 H가구는 사당동에서 딸들이 밤늦게 일하고 집에 올 때 무서워서 끝까지 버티지 못하고 1차 철거 뒤 세입자 딱지를 600만 원에 팔아 인근 사유지에 사당동과 비슷한 조건의 방을 전세 700만 원에 얻었다. 그러나 1년 뒤에 전세금을 900만 원으로 올려 달라고 해서 아들 딸들이 모아둔 저축을 모두 털어 겨우 전세금을 맞췄다. 방 한 칸의 전세값은 사당동 때와는 비교가 안될 만큼 비싸지만 실제로 주거환경이나 생활조건은 나아진 것이 없고 이주한 곳에서도 방 한 칸에 식구 5명이 함께 살고 있다.

계속적인 생활비 적자에 일자리가 불안정했던 T씨 가구는 강제철거 마지막까지 남았던 가구로서 T씨 부인은 세입자대책위원회 활동에 적극 참여했다. 세입자대책위원회가 와해되면서 세입자 딱지를 1,800만 원에 팔고 세입자대책위원회 사람들과 공동이주도 생각했으나 그만두고 흑석동에 전세를 얻어 이주했다. 월세보증금도 없었던 상황에서 1,800만 원의 현금을 쥔 것은 굉장한 소득이었다. 또한 자진철거기간에 관내로 이사한 뒤 마지막까지 남았던 S씨 가구도 포일리에 아파트를 구입해 이주했다. G씨 가구 또한 철거를 앞두고 가장 속수무책인 가구 중의 하나였는데 사당동에 맨 마지막까지 남아 세입자 딱지를 1,800만 원에 팔아 인근 사유지에 보증금 1,800만 원에 월세 10만 원짜리 전세로 이사했다. G씨는 철거이주기간에 부동산 소개소에 취직해 상당히 돈을 번 것으로 알려졌고 실제로 인근 사유지에 이사한 뒤 1년 뒤에는 2,600만 원짜리 전세로 옮겨 가기도 했다. G씨는 철거재개발로 일약 부자가 된 듯한 사례처럼 보인다. 그러나 G씨는 철거가 끝나자 부동산 소개소에서 해고되었고 노름으로 2,000만 원 정도의 빚을 져 곧 월세로 떨어질 위험에 있다. 생활도 다시 부인의 파출부 일로 꾸린다. 그리고 사례 가구 중 가장 열악했던 F씨 가구와 K부인 가구는 재개발과정에서 소리 없이 어디론가 이주해 갔다. 어디론가 사라졌다는 표현이 더 맞을지도 모른다.

2. 도시빈민과 불량주거지의 의미

앞절에서 자가의 소유여부나 자원동원 능력에 따라 재개발의 영향이 어떻게 다르게 나타났는가를 사례 가구를 통해 살펴보았다. 본절에서는 그들이 이러한 차이를 가지게 된 배경을 그들의 생활사, 그리고 이주사와 연관시켜 살펴보고자 한다. 즉 자가를 소유하고 빈곤과 불량주거지를 벗어난 탈 빈곤 및 탈 불량주거지에 성공한 가구들과 그렇지 못한 가구들, 그리고 자가를 가지게 된 배경과 그렇지 못한 배경을 분석해 보고자 한다.

우선 재개발과정에서 불량주거지를 벗어나 자가를 가지게 된 가구를 살펴보자. 이들 6가구는 모두 장기간 사당동 거주자로서 A가구는 10년, B가구는 23년, C가구는 22년이며, E가구는 6년, Q가구는 20년, P가구는 19년, 그리고 V가구가 14년이다. E가구를 제외한다면 모두 10년 이상을 사당동에 거주했다. 이들뿐만 아니라 이들 모두가 서울 거주기간 동안에 무허가정착지 외의 일반 주거지에서는 거의 살아 본 경험이 없다. A가구를 제외하면 나머지는 모두 무허가주택의 월세로 그들의 서울생활을 시작했다. 이는 무허가정착지 거주 자체가 이들의 자가소유를 가능케 한 중요한 요인일 수 있음을 시사한다. 주거비가 저렴한 무허가정착지에 거주함으로써 생활비를 줄일 수 있었고 또한 집값이 싸기 때문에 가옥을 구입할 수도 있었다. A가구와 Q가구는 사당동에서 자영가게를 했던 가구로서 주거지가 곧 생업의 기반이었다. 그들의 자산증식이 이곳 사당동 거주를 기반으로 일어났음은 분명하다.

자가 가구들의 가옥 구입 경위를 보면 A씨는 워낙 부농 출신으로 10년 전 서울로 올 때 처음부터 사당동에 쌀가게를 겸할 수 있는 자가를 구입했다. 그리고 쌀가게를 하면서 다른 지역에 상당한 부동산도 구입했다. B씨 가구는 막노동으로 서울생활을 시작하였으며 사당동에 오기 전에도 무허가정착지의 월세에서 10여 년 이상 생활했다. 막노동에서 기계운반일로 옮기고 열심히 저축해서 사당동에 자가를 마련했다. 사당동에는 처음 월세로 왔으며 약간의 돈을 모아 전세로 옮기고 몇 년 뒤에 자가를 구입했다. 그 당시, 즉 23년 전에는 사당동의 집값이란 매우 싼 데다 전세와도 큰 차가 나지 않을 정도였다. C씨 가구의 경우는 C씨가 막노동에서 목수기술을 배워 약간 수입이 생기자 무허가정착지의 전세에서 자가로 옮길 수 있었다. 그리고 중동취업 2년으로 돈을 좀 모아 나은 주거지로 옮기려고 했으나 담석증으로 병석에 눕게 되어 부인이 생계를 책임지고 있다. 다행히 부인이 하는 생선노점이 잘되어 현상유지를 하며 강제철거 전에 인근 사유지에 비슷한 조건의 자가를 구입해 이주했다.

E씨 가구의 경우도 E씨가 20대에 단신 상경하여 월세로 서울 생활을 시작했으며 결혼 후에는 공장 생활도 했다. 월세에서 벗어난 것은 E씨가 중동에서 3년간 취업하고 부인도 일을 해서 모은 돈으로 6년 전 사당동에 자가를 구입하면서부터다. 그러나 식구가 많아 가계가 적자여서 이주과정에서 집을 줄여 B동 무허가정착지의 더 싼 집을 구함으로써 자가를 유지하고 있다. P씨 가구도 P씨가 단신 상경하여 여러 가지 막노동을 했고 친척집에 기숙하여 약간의 돈을 모으고 결혼하면서 부인도 함께 일을 해 사당동에 전세방을 얻을 수 있었다. 전세생활을 6년한 뒤 사당동내에서 자가로 옮길 수 있었다. Q씨

가구는 Q씨가 개인택시 운전사며 Q씨 부인은 미용사로서 안정된 생활을 하고 있는데 처음 출발은 다른 가구와 비슷했다. Q씨도 단신 상경하여 친척집에서 기숙하면서 운전기술을 배웠고 Q씨 부인은 비슷한 상태로 미용기술을 배웠다. 결혼 초부터 사당동 친척형집에 얹혀 살다가 형이 낙향하면서 물려준 이곳 무허가집을 토대로 해서 사당동에서 미용실과 가게 하나가 붙은 집을 소유하게 되었다. 마지막으로 V씨 가구는 사당동에서 월세에서 전세로, 그리고 전세에서 자가로 차츰 상향 이동하다가 부모님 병환으로 가옥을 팔고 전세로 옮겼었다. 그러나 재개발이주과정에서 다시 자가로 옮긴 경우이다. V씨 또한 단신 상경하여 월세로 서울 생활을 시작했고 양말행상으로 돈을 모아 전세로 옮겼으며 양말행상 10년만에 사당동에 가옥을 구입할 수 있었다.

이들 6가구들의 자가 구입 경로를 보면 A씨 가구를 빼놓는다면 모두 월세에서 시작하였고 Q씨 가구를 빼놓는다면 특별한 기술도 없이 매우 소득이 낮은 일들에 종사해 왔다. 이들은 싼 집을 찾아 주로 무허가정착지, 특히 사당동에서의 거주를 통해 저축을 하여 자가소유에 이르고 있다. C씨와 E씨 등이 해외취업으로 약간의 목돈을 만졌다는 것을 제외한다면 특별히 큰 돈을 만질 기회도 없었다. 즉 이들이 자가를 구입할 수 있었던 것은 싼 집이 있었기 때문이며 이는 사당동 등 무허가정착지에 거주함으로써 주거비를 줄일 수 있었다는 의미와 또 그렇게 할 경우 그들의 소득 범위 안에서 자가 구입이 가능했다는 이야기이다. 이러한 사례에서 본다면 불량주거지는 거주에 불편한 곳이기는 하지만 무일푼으로 노력하여 자가소유를 가능케 하는 거주지라는 기능을 하고 있음을 분명히 한다. 뿐만 아니라 생업기반이 이 지역에 있는 경우는 이러한 거주지 자체가 그들의 재산증식에 크게 작용하고 있다고 볼 수 있다.

한편 전세 가구들인 J, L, M, N, O, S, U씨 가구들은 싼 주거지를 찾아 사당동에 정착한 경우들이다. 철거이주가 시작된 당시 이들의 사당동 거주기간은 4년에서 12년 사이로 합동재개발사업 추진 이전에 이주했으며 자가 가구보다는 사당동 거주 연수가 짧다. 이들의 거주 기간을 보면 I가구가 5년, J가구가 5년, L가구 12년, M가구 4년, N가구 4년, O가구 15년, S가구 11년, U가구 5년이며 J씨를 제외하면 사당동 오기 전의 거주지도 무허가지였다.

이들은 U씨를 제외하고는 강제철거시까지 사당동에 남아 있다가 거의 모두 인근 사유지에 전세로 이주했다. J씨는 서울의 일반 주거지에서 전세로 살림을 시작했으나 사업의 실패로 방값을 빼어 빚을 갚고 전세값이 싼 사당동에 이주한 경우다. I씨 가구는 10여 년 전 농촌에서 가족이 함께 상경하여 사당3동 무허가정착지에서 월세로 살았고 I씨는 요꼬기술을 배웠다. 잠깐 인천으로 옮겼으나 사당동보다 주거비도 비싸고 일자리도 쉽지 않아 다시 사당동으로 돌아왔다. 요꼬기술자로 일해 전세로 옮길 수 있을 만큼 돈을 모았는데 I씨가 조그만 사업을 벌여 실패하여 무일푼이 되었다. I씨는 요꼬기술이 별로 인기가 없어지면서 타일공으로 전업했고 부인이 계속 가내부업을 하여 저축하여 사당동에 방 한 칸 전세를 얻을 수 있었다. M씨 가구는 단신 가구로 4년 전 상경하여 사당동에 정착, 막노동일로 월세에서 시작해서 1년 동안에 100만 원을 모아 전세로 옮겼던 경우다.

O씨 가구는 O씨가 단신 상경하여 야채행상, 과일행상, 건설노동을 하다가 최근에는 잡역부로 일하고 부인은 과자행상을 하는 경우인데 결혼 전에는 친척집에 기숙하고 결혼 후에는 월세로 살았다. 월세에서 전세로 올 수 있었던 것은 O씨 부인이 하는 과자도매 행상이 괜찮아서 약간의 저축이 가능했기 때문이다. 그러나 O씨 부인은 장사를 하다가 두 번 망함으로써 집 살 기회를 놓쳤음을 늘 안타까와 한다. 남편이 장사를 시작할 때 사당동에 집을 사자고 우겼으나 "이런 싼 집은 언제라도 살 수 있다"면서 결국 장사를 시작했는데 실패했다. 이제는 '이런 싼 집'이 없을 것이므로 집살 기회를 '영영' 놓쳤다고 생각하고 있다. S씨 가구는 결혼 당시 전세에서 살았고 조그만 노트공장을 해서 약간의 저축이 생겼다. 사업에 실패하는 바람에 월세로 떨어졌다. S씨는 청소부로, S씨 부인은 부업으로 겨우 생활을 꾸려 사당동내에서 전세로 옮길 수 있었다. U씨 가구는 U씨가 재단사이며 K시에서 교복을 만드는 일을 했는데 교복자율화 바람에 사업이 망해 인근 무허가지에 월세방을 얻어 상경했다. 사당동에서 재단일로 돈을 좀 모아 전세로 옮겼으나 철거이주에서 150만 원의 보상을 받고 빨리 더 조건이 나쁜 봉천동 불량주거지에 전세를 얻어 이주했다.

이들 전세 가구 중 자가에서 전세로 떨어진 경우는 여성 가구주 둘이며 일반 주거지의 전세에서 사당동에 전세로 온 J씨 가구를 빼면 나머지는 모두 월세에서 전세로 옮겨간 경우이다. 이들이 월세에서 전세로 옮기는 데 걸리는 시간이나 비용을 계산한다면 단신 상경하여 막노동 2년만에 100만 원을 저금하여 전세로 옮긴 M씨의 경우는 많은 시사점을 준다. 1987년 당시 M씨가 막노동으로 하루 벌 수 있는 돈이 17만 원인데 1년에 일할 수 있는 날은 180일을 넘지 않았으며 이렇게 해서 1년에 벌 수 있는 돈은 총 250여 만 원이었다. 이 중 월 생활비로 약10만 원을 쓰고 매월 10만 원씩 저금하여 1년만에 전세로 옮긴 것이다. 이는 우선 단신 가구이므로 다른 식구의 노동력 재생산비가 안 들었고 본인의 질병사고 등이 없었기 때문에 가능했다. 그는 주식비와 부식비에 월 3만 원을 쓰면서 이 돈을 모은 것이다.[27] 막노동해서 "1년에 100만 원 모으기 힘들다"(1987년 당시)는 말은 사당동에서는 정설처럼 되어 있었다. 그때 만약 방 한 칸 전세금이 700~800만 원했다면 이들이 월세에서 전세로 옮긴다는 것은 거의 불가능했다. 이들이 월세라도 벗어날 수 있었던 것은 싼 전세가 있는 무허가정착지에서 가능했다.

마지막까지 남았던 월세 거주자들은 D, F, G, H, K, R, T씨 가구 등 7가구인데 이들은 보증금 50만 원 이하에 월세 3~5만 원에 살았다. 이들 중 한 가구는 자가에서 월세로 떨어진 경우이며 3가구가 전세에서 월세로 떨어진 경우다. 나머지 3가구는 서울 생활 중 한 번도 월세를 벗어나지 못한 가구들이다. 이들의 사당동 거주 연수는 D가구가 24년, F가구가 5년, G가구가 6년 H가구가 20년, K가구가 16년, R가구가 21년, T가구가 8년으로 비교적 장기 거주자들이다. D가구는 사당동 거주가 24년으로서 첫정착 가구 중의 하나이다. D가구는 3세대 가구로서 60세가 넘은 D할머니를 중심으로 30대의 막노동하는 아들과, 손자손녀가 3명이며 며느리는 가출상태다. D할머니는 정착시 받은 가옥을 2~3년 정도 가지고 있었으나 아들을 분가시키고 혼자서 방 한 칸을 얻어 생활하게 됐다. D할머니가 집을 팔 당시는 집값이라는 것이 별로 나가지 않아서 집을 팔아 아들의 결혼 비용 및 방 얻는 돈 등으로 다 없어

27) 그의 생활비 내역을 보면 월평균 10만 원 중 세금(전기, 수도, 오물, 방범 등)이 1만 원, 부식비 1만 5,000원, 주식비 1만 5,000원, 나머지가 용돈, 교통비, 월세 등이다.

졌다. 전세에서 월세자가 된 H, K, T가구를 보면 H와 K가구는 여성 가구주로 남편 생존시에 전세에 살았으나 남편이 사망하면서 월세로 떨어졌으며 그 이후 월세에서 벗어나지 못했다. K부인은 전세값을 빼내어 남편의 병원비와 장례비를 치르고 월세가 된 경우며 H부인의 경우도 비슷하다. 그리고 일단 월세가 된 뒤에는 전세 보증금 마련이 불가능했다. H부인 가구의 경우는 H씨 생존시에는 이곳에서 전세로 살았다. H씨는 일용건설노동자였으며 중동 취업을 하여 약간 목돈을 마련했으나 돌아오자 곧 사망하면서 생계가 어려워졌다. H부인이 파출부일, 큰딸이 재봉사, 작은 아들은 주물공장 공원 등으로 모두 나서서 벌기 시작하여 약간의 저축이 생기기 시작했으나 외지로 옮겨갈 수 있는 전세 보증금을 모으지는 못했다. T씨 가구는 고용이 불안정하여 만성적인 생활비 적자로 전세에서 월세로 옮겼다.

계속 월세를 못 벗어난 F, G, R가구를 보면 F씨가 건설노동자로 일하다가 중풍으로 쓰러져 생활능력이 없으며 부인이 청소부로 생활을 꾸렸지만 계속 적자에서 못 벗어난 경우다. F씨는 단신 상경하여 막노동으로 서울 생활을 시작하였고 F씨 가구는 I동, B동 등 무허가지만 전전하였고 꼭 한번 일반 주택지에 잠깐 산 적이 있다. F씨 가구가 약간의 돈을 모아 월세를 벗어날 수 있는 기회는 한번 있었다. 중동에 취업하여 모은 돈으로 전세로 갈 수 있었는데 대신 그 돈으로 다시 한번 중동 취업의 길을 모색하다가 사기당한 후 다시는 그러한 돈을 모으지 못했다.

G씨 가구는 몇 년 전 P시에서 상경해 땅값이 싼 사당동에서 월세방을 얻어 서울 생활을 시작하였다. 노동일의 수입이 불안정하고 몇 번 건설 '오야지'노릇을 했으나 별 이익을 보지 못했고 월세 보증금을 점점 줄여 무일푼이었다. R씨 가구는 미장일하는 R씨와 공원일 하는 부인 및 3자녀 등 5식구로 R씨는 22년간 사당동에 살았고 한번도 월세를 벗어난 적이 없었다. R씨는 구두닦기로 사회 첫출발을 하여 막노동을 거쳐 미장일을 하고 있는데 수입이 불안정하여 저축은 불가능했으며 사당동에서 월세금을 못내어 보증금을 다 까먹었다. 상도동으로 갈 때 마련한 월세 보증금은 사당동의 집주인에게 월세금을 안 내고 모은 돈이다. 이는 이 가구가 월세를 안 낼 경우 생계비에서 월 3~4만 원을 겨우 모을 수 있음을 뜻한다.

이렇게 자가와 전세, 월세자들이 모두 사당동이라는 싼 주거지에 거주함으로써 생계의 도움을 받았다고 할 수 있다. 즉 자가소유자들은 불량주거지에 거주함으로써 주거비를 줄이고 또 가옥값이 싸기 때문에 가옥을 마련하는 기회로 삼은 가구들이며 전세 가구들은 불량주거지의 거주를 생활비 절약의 수단으로 삼고 있으나 싼 가옥을 구입하는 데까지는 이르지 못한 가구들이다. 마지막으로 월세 가구는 그들의 생계를 주거비가 싼 사당동에 의탁하여 해결하고 있는 경우로서 싼 주거지가 없는 한 주거 자체의 해결이 힘들 뿐 아니라 생계의 위협을 받을 가구들이다. 사당동은 고용이 불안정하여 생계가 어려울 때, 사업에 실패했을 때, 여성들의 경우 남편과 헤어지거나 사망했을 때, 가족의 누군가가 아프거나 사고가 나서 급전이 필요할 때, 그리고 주거비를 최소화해야 하는 가구들에게 주거지를 제공하는 역할을 맡은 것이다.

한편 사례 가구 대부분이 비슷한 노동조건과 주거조건을 가지고 출발하고 있는데 어떤 가구는 월세에서 전세, 자가로 옮겨가고 있는 반면 어떤 가구는 오히려 자가에서 전세로, 또는 전세에서 월세로 떨어지고 있다. 이를 분석해 보면 몇 가지 요인이 있는데 월세나 전세에서 자가가 되는 가구들은 고용이 안정되고 가구원의 질병 등 큰 사고가 없으며 사업에 실패하지 않고 월 수입의 범위에서 지출하여 만성적자가 나지 않는 경우들이다. 반면 이와 반대로 고용이 불안정하거나 질병 등의 불상사가 생기거나 사업에 실패했거나 만성적인 생활비 적자가 생기면 자가에서 전세로 떨어지고 있다. 이 세 요인 중 어느 하나가 지속적으로 일어날 경우는 월세를 벗어나지 못했다. 여성 가구주들의 가구가 자가에서 전세, 전세에서 월세로 떨어진 것은 남편의 질병 및 사망, 별거에서 연유했다.

전세 가구들 중 집 살 기회를 놓친 3가구가 모두 사업실패에 따른 것이다. 한편 자가에서 전세로 떨어진 U씨 가구는 가구원의 질병 때문이었다. 즉 개인적 수준에서 이들의 가옥소유나 주거형태를 결정해 주는 중요한 변수는 고용불안정, 사업실패, 질병, 그리고 만성적인 생활비 적자로 볼 수 있다. 이러한 일이 발생하면 이들이 당장 줄일 수 있거나 현금을 동원하는 일이 주거비를 줄이는 일로 나타났다. 따라서 이들에게 싼 주거지의 확보란 불안정고용과 낮은 수입에 대한 마지막 대안임을 알 수 있다.

VII

의존과 갈등을 유발하고 있는 사회관계들

한 지역사회의 특징은 주민 구성원이 갖는 사회적 관계의 성격에 따라 결정되어지는데 사당지역주민들이 갖고 있는 각종 사회관계가 맺어지는 계기와 유지되어지는 기제를 통하여 이 지역주민이 안고 있는 삶의 문제를 구체적으로 접근할 수 있다.

이 지역은 물론 서울 어떠한 지역과 마찬가지로 일정한 임대계약만 집주인과 맺으면 누구나 들어올 수 있는 곳이다. 이 지역으로 이사오는 방식은 일반주택지의 경우보다 손쉽다. 이 지역에 살고 싶은 사람은 누구나 골목을 기웃거리며 방 내놓은 집이 없는가 물어 주인과 직접 거래를 하여 이주할 수 있다. 방 내놓은 데가 없으면 주민들은 복덕방의 역할을 겸직하는 가게나 정식 복덕방을 가르쳐주곤 한다. 실제 복덕방을 통하여 들어오는 집보다 이웃간에 아는 사람을 통하여 들어오는 경우가 더 많기도 하다. 각 가옥의 세입자 수가 집주인보다 2~3배가 되는 집도 많고, 각 가옥의 조건이나 방의 여건도 다양하기 때문에 지역내에서도 조금 더 나은 방으로, 집으로의 이동이 빈번하다. 같은 집안에서도 위층에서 아래층으로 이사하기도 하고 한 골목안 집이라도 윗집에서 아랫집으로 조건이 맞으면 손쉽게 이사를 하기도 한다.

(1) 이웃관계의 성립

사당동지역에서 발견되는 사회관계의 가장 기초적인 것으로 인근 지역내 주민들이 형성하는 이웃관계이다. 이웃관계는 말 그대로 이웃에 살고 있는 사람들이 상호 작용하는 사회적 교류가 일정한 정형을 보일 때 그 성립을 지적할 수 있다. 이웃의 범위는 같은 가옥에 살고 있는 세입자들, 같은 골목에 살고 있는 사람들, 같은 가게나 미장원 등을 출입하는 이웃, 그리고 사당 2동이란 동네에 살고 있는 이웃 등 말하는 사람이나 경우에 따라 다르다. 그러나 이웃관계에서 무엇보다도 중요한 것은 본질적으로 지역내 동질의식을 지닌 주민들 사이에서 성립하며 단순한 지리적 근접성뿐 아니라 상호 호혜성에 바탕을 둔 빈번한 교류를 요구한다는 점이다.

주민 사이에 존재하고 있는 동질의식은 “이 동네가 살다살다 어려워 정착한 사람들로 이루어진 곳”이라고 인식하는 데서 출발한다. 주민들은 이사온 사람들에게 손쉽게 접근하여 친분을 맺으며 서로 이제까지 살아왔던 이야기들을 털어 놓음으로써 비슷한 생활경험에 의한 동질의식을 강화시킨다.

동질의식의 기반은 첫째 경제활동의 유사성에서 살펴볼 수 있다. 남성 가구주의 직업의 거의 60% 이상이 막노동이라고 일컬어지는 건설업과 관련된 잡일, 기능공들에 해당되며, 부인들도 절대다수가 집안에서 그저 가사노동에만 종사하지 않고 일을 하고 있다. 여러 다양한 직업들에 전전하는 예는 드물지 않다. 현재 조직부문에서 월급을 받고 있는 경우라도 노동과 행상, 소규모의 자영업의 경험을 갖고 있다. 따라서 이들이 현재 종사하는 경제활동에 관계없이 이들 주민의 경제수준이나 직업경험에서 유사성은 두드러진다. 이러한 유사성 때문에 누구나 손쉽게 일을 주선할 수 있으며, 상호 직업 정보교환이 필요하다. 따라서 이 지역주민들은 이웃이 작업동료일 수 있는 가능성이 어느 지역보다 높다.

둘째, 이들의 동질의식은 대부분이 이농민이거나 이농민의 2세라는 면에서 농촌지역의 이웃관계를 일부 지속시키는 결과라고 볼 수 있다. 동네사람 사이에 어떻게 해야 하며 동네 소문들에 민감하게 반응하는 경향 등은 바로 이러한 경향의 잔존이라고 볼 수 있다. 그 외에도 떡이나 음식을 이웃에게 돌리는 관행도 이를 보여준다. 셋째, 이들의 동질의식은 사생활이 보장될 수 없는 주거환경과 연관되어 있다. 10평 남짓한 가옥에 빽빽이 들어선 2~3개의 방은 1.5~2평밖에 안되어 이 지역 평균 가구원인 4.35명 정도가 거주하기에는 너무 좁다. 더구나 얇은 벽을 통하여 옆 방 혹은 옆 집에서 일어나는 일이 전해지기 때문에 개인생활이 보장될 수가 없으며 비밀은 지켜질 수 없다. 각 집안의 내력, 가정사정, 경제 등은 숨겨질 수 없다. 이러한 환경은 손쉽게 어려운 부탁들을 할 수 있는 분위기를 만들 수 있다. 싸움이 일어나면 무슨 일이었냐고 묻고 놀 때는 그냥 끼어 들어 어울릴 수도 있으며 일 나갈 때는 연탄 가는 것을 부탁할 수도 있다. 그러나 무엇보다도 급한 돈을 얻는 데 이웃은 자주 이용된다. 따라서 이 지역에서 형성되는 사회조직들은 개인적 친분이나 이웃관계에 기반한 것들이 우선한다.

개인적 관계가 갖는 중요성은 이 지역으로의 이주과정에서도 뚜렷이 나타난다. 물론 경우에 따라 이곳이 다른 지역보다 생활비가 싸고 교통이 좋아 이주했다는 층도 있지만 대다수는 이 지역의 지리적 여건뿐 아니라 일자리를 얻을 것을 기대하면서 주위 친지의 주선으로 이주해 왔다고 볼 수 있다. 이러한 과정에서 친지들은 함께 일하던 동료일 수도, 처 외숙모일 수도, 삼촌, 또는 고향친구 형일 수도 있다. 이 지역의 소개자가 방을 얻어 줄 뿐 아니라 일자리 주선까지도 해준다. 이러한 기반은 그러나 반드시 계속되는 것은 아니다. 일상적으로 필요한 사회 경제적 요건들은 이주자 스스로가 개척해 나간다.

(2) 제한된 친척과의 관계

이 지역의 가족관계는 친척관계와 마찬가지로 끊임없는 이동을 겪은 것이 일반적이다. 건설업 때문에 지방에 몇 달 일하러 가야 하는 아버지, 공장 기숙사에서 사는 딸, 경우에 따라서는 가출까지도 빈번하기 때문에 가족성원들도 유동적이다. 더구나 지역적으로 멀리 떨어져 있는 친척간의 관계는 대부분의 주민들에게는 의례적이고 규범적인 차원에서밖에 고려의 대상이 되지 못한다. 따라서 이 지역의 사회관계에서 친척의 존재는 엄밀한 의미에서는 이웃과도 같이 실제적인 도움을 주고받을 수 있을 때만이 중요하다고 볼 수 있다. 가장 지속적인 사회관계는 비슷한 생활형편에 있는 여자 형제나 모녀간 또는 동업으로 행상이나 노동일을 나가는 형제간이다. 이웃관계를 긴밀하게 하는 간접적인 요인으로 이들 주민들이 갖고 있는 제한된 친족관계가 작용한다. 친족관계는 상호간의 방문, 가족의례에 대한 참가, 불의의 사건에 대한 도움 등으로 표현되는 구체적인 사회적 상호관계이다. 사당 2동 심층면접 가구들의 친척관계에서는 몇 가지 측면에서 한국 도시 중산층 가족관계와는 다른 차이점을 보여주고 있다.

심층면접 가구 중에서 긴밀한 친족관계를 유지하는 층은 경제활동이 서로 연계되어 있는 가구들이다. 이들은 이주, 결혼주선, 기술습득, 장사 알선 등을 통하여 서로의 생계를 도와주고 있다. 같은 고정 건설 팀에 형제가 또는 고종사촌이 함께 들어 있기도 하고, 재단과 미싱 일을 하기도 하며 양말 등을 떼어다가 서로 넘겨주기도 하는 등 이 지역에 살면서 유기적인 관계 속에 친척이 들어 있다. 이때 관계되는 친척은 반드시 부계혈연집단의 우선권을 보여주지는 않는다. 처삼촌, 처이모, 그리고 시댁 큰집 등 그 친소나 친·인척에는 그리 구애받지 않고 유사한 직종에 종사하는 친척군이 있는 경우 이들 관계가 가장 밀접하다.

두번째로 긴밀한 친척관계를 이루는 경우는 비슷한 경제상황이면서 사당동이나 봉천동 등 저소득 밀집 거주지에 사는 친척들을 둔 가구들이다. 이들은 서로 명절과 생일, 결혼식에 상호 방문을 한다.

세번째 부류에 속하는 층은 친척관계가 비교적 긴밀하지 않다. 시골에 대한 방문도 몇 년에 한번 정도이며 친척들의 방문도 드물며, 방문한 경우에도 짧은 용무만 마치고 가 버리는 경우이다. 부모 중 하나가 일찍 사망했거나 이복 형제가 있다든지 하는 가족내 이동이 심한 경우 일찍 독립하여 사당동에 정착한 가정에서 이러한 소원한 친척관계를 지적할 수 있다.

친족관계에서 그 빈도뿐 아니라 그 관계의 성격이 중요한데 이 지역에서 관찰되는 친족관계는 매우 실제적이고 구체적인 관계로서의 의미가 두드러진다. 이는 실제 도움을 주거나 협력을 하는 것이 친척간의 관계에 핵심이 되어 그 상호 작용이 불가능한 사이에는 형식적인 왕래조차 단절된다. 여기서 긴밀한 친척관계를 이루고 지내는 친척들의 범위가 무정형으로 나타난다. 친가, 외가, 사돈 들의 구별은 큰 의미가 없다. 중요한 점은 실제 필요한 도움을 주고받을 수 있느냐는 데 있다. 따라서 사회 경제적 접촉이 그리 필요없는 친척관계는 소원해진다. 특히 사당동과 같은 저소득층 거주지가 아닌 사유지에 사는 중산층의 친척이 있는 경우에는 왕래가 거의 없다.

주목되는 면은 친척관계와 이웃관계와의 유사점과 차이점이다. 위에서 지적된 바와 같이 친척관계가 실제적인 도움을 주고받을 수 있는 수준에서 제한된다면 이웃관계가 지속되는 방식과 매우 유사하다. 특히 가장 긴밀한 친척관계가 직업과 일거리에서 유기적인 관계를 지닌 층에서 발견되는 것은 이웃관계를 통하여 일거리를 얻거나 같이 일나가면서 친밀한 사회관계망을 구축하는 것과 질적 차이는 거의 없다. 그러나 그 관계의 지속성은 차이가 난다고 볼 수 있다. 이웃은 이사를 가 버리면 소원해지는 경향이 있어 반영구적인 관계를 갖고 있는 친척과는 비교하기가 힘들다. 그러나 심층면접 가구에서 친척간의 관계가 단절되는 예도 보인다. 어려울 때 형제에게 돈주선을 부탁했다가 거절당한 후 내왕을 끊었다든지 섭섭하게 대접받아 연락을 더이상 하지 않는다든지 하는 예는 친척관계에서 현실적인 상황이 얼마나 주요한 변수로 작용하는가를 보여주는 것이다. 그러한 의미에서 항상 가족 밖의 사람으로부터 도움과 협조를 받아야 되는 이 지역 가구들은 가까이 살며 끊임없이 음식, 놀이, 일 등을 나누고 있는 이웃과 친밀성을 유지하게 된다. 이 지역에 형제 자매가 모두 사는 한 심층면접 가구 예에서 보면 이렇게 많은 친척이 주변에 있어 일상적인 도움을 받기 때문에 흔히 이웃과 긴밀하게 지낼 필요성을 덜 느끼는 것 같다. 따라서 친척관계와 이웃관계의 질적 차이는 두드러지지 않지만 이웃관계가 일시적인 경향이 있는 정도의 차이만 지적될 수 있다.

(3) 일로 매개된 사회관계

고향친구나 그냥 막연한 친구도 일 나가는 것을 매개로 한 관계가 많으며, 경제적 여건에 관하여 서로 의논하며 주선도 하는 역할이 상호 교류의 핵심이다. 같이 일 나가는 어느 홀아비가 너무 형편이 딱하다고 자신도 빚이 있으면서 보증금을 빌려 주어 가면서 방을 얻어주는 경우도 있었다. 또 '이웃친구가 취직이 되어야 자신의 취직도 부탁하지'하는 언급에서도 밀접한 관계를 볼 수 있다. 특히 개인적 친분관계에 의하여 일꾼을 모집하고 각 일꾼팀의 결속이 일의 효과적 수행에 중요한 건설업에서는 이러한 친분관계는 핵심적이다. 이들은 일을 나갈 때뿐 아니라 일이 없는 겨울철에도 오락 등을 함께 하는 빈번한 사회교류를 하고 있다. 남성 가구주인 경우 이러한 일과 연관된 친분관계가 근접한 거주지에 의하여 맺어지는 이웃관계보다 더 비중을 갖는다. 물론 부인들의 주선이나 바로 같은 집에 살고 있는 이웃이 함께 일을 나가게 되는 경우도 있지만 남성인 경우 이 지역주민을 대상으로 하는 자영업을 하지 않는 한 작업동료가 지역사회에서의 친구보다 더 비중을 둔다. 친구가 생긴 경우에도 단순히 한 지역에 살기 때문이라기보다는 함께 일 나가는 데서 오는 친밀감이 이들을 가깝게 한다고 여겨진다. 여기에 반하여 주부들간의 지역내 이웃관계는 더 적극적이며 중요하다.

이렇게 일과 관계되어 맺어지는 관계에서 여성과 남성은 뚜렷이 구별된다. 이 지역에서 건설업 종사자는 남성 가구주의 절반 이상을 차지하고 있으며 건설업의 분업적 성격 때문에 주전문기술과 기술보조로서 하나의 팀을 이루어 고정팀별로 하청업자와 연계되어 있다. 따라서 지역적인 어떤 연고보다는 팀의 구성원으로서의 협동 경험에 따라 일감들을 찾게 된다. 그러나 이러한 건축일이 고정적이지 않고 일시적으로 메꾸어지는 경우가 빈번하기 때문에 팀의 구성원 수나 일감의 양이 유동적이다. 그래서 팀의 구성은 일에 따라 재조정되어 충원과 탈락이 교차된다.

사당 2동 입구 남성시장 앞에서 새벽마다 형성되는 대규모 건설업 인력시장은 바로 이러한 일감의 배정과 팀 구성원의 조정을 위해 열리는 것이다. 여기서 특별한 기술이 없는 '잡직'은 안면과 연줄을 통하여 어느 팀에든 소속이 될 수 있으며, 고정 팀 외에도 임시적으로 팀이 급조되어 일감을 맡기도 한다. 이 시장을 이용하는 층이 모두 사당 2동 주민들은 아니나 이 지역의 저소득층 인구층을 배경으로 구성된 인력시장인 만큼 사당 2동의 거주자들에게는 주요한 직업원이다. 여기서 사당 2동으로 이사온 이주민이 손쉽게 일거리를 얻을 수 있는 곳이다. 이 장소에 나가 이웃주민들을 만나고 그 안면에 따라 소개를 하게 되어 건축일에 지속적으로 관계하게 되는 것이다.

건축업에서 팀과 조단위의 작업은 개인적인 관계를 중요시한다. 이는 일 자체의 효율적 수행에서뿐 아니라 구성원의 조달이 어떠한 객관적인 기준에 따라 이루어진 것이 아니라 개인적 연고에 의하여 얻어진 것이기 때문이며, 한 개인과의 불화가 작업 전체의 효율적 협동을 저해할 수도 있기 때문이다. 이러한 건설업과 관계되는 사회 관계망은 이웃간에 발견되는 부업, 내직의 주선이나 일상적인 협력보다는 더 체계적이고 지속적인 경향이 크다. 이는 일의 성격상 기능적인 분업이 어느 정도 요구되고 숙련도와 경험, 기술에 따라 전체 구성원의 조화가 요구되기 때문이다. 그리고 이들 건설업 관계망은 수입의 과다도 팀 단위로 계산되며, 그 팀장인 오야지는 자신이 다스릴 수 있는 근로자 수와 동원할 수 있는 자본에 따라 그 일의 성과가 결정되기 때문에 오야지와 근로자들간에 경제외적 교류의 기회가 임의적으로 자주 마련된다.

이러한 교류는 건설일에만 한정되지 않고, 방을 구하거나 가정의례 그리고 예기치 못한 병 등에 지원과 협력을 하는 것으로 나타난다. 즉 남성 건설업의 사회관계망은 일에서 맺어진 관계가 사회적 관계로 확장되는 것이다. 따라서 이웃에서부터 출발하는 여성들간의 사회관계망에 비하여 지역적인 관계가 넓다. 예를 들자면 한 고정팀이 36명의 구성원 중 14명이 사당지역에 살고 있지 않다. 그러나 60% 이상의 구성원이 사당지역에 살고 있기 때문에 지역중심적인 성격은 여전히 강하다. 그렇기 때문에 사당동에 살면 건설업에서 일자리를 얻기가 용이한 것이다.

그러나 이러한 건설관계 사회망도 지속성에 있어서 일정 한계를 지니고 있다. 이 한계는 첫째 이러한 일이 계절성을 지녀 계절에 따라 건설경기에 따라 일의 양이 일정치 않은 데서 온다. 둘째, 기술수준이 반드시 전문적인 사람들만을 요구하지 않아 잡직이라고 불리우는 단순노동 종사자들이 다른 일자리를 찾아 이동할 수 있다. 셋째, 작업이 업자가 하청을 받아 착수되는데 그 일의 진행 정도에 따라 비용이 지불되기 때문에 수입이 불규칙하여 하청업자가 자금압박을 많이 받는 데서 온다. 자금조달이 용이치 않아 구성원들에게 적절한 보상을 하지 못할 때 다른 팀을 따라 떠나거나 또는 행상 등의 다른 일자리로 떠나 팀이 해체되는 경우도 많다. 그리고 이 구성원들의 조직형성이 기술보다는 연고에 더 비중을 두어 구성되었기 때문에 개인적 불화에 의하여 이탈이 일어나는 경우도 많다.

여성들의 일거리는 이렇게 조직에 편입되어 얻어지는 경우는 드물어 사회관계망의 형성상의 체계가 그렇게 조직적이지는 못하다. 여자의 경우 기능적인 분업을 요구하는 작업은 거의 없다. 동일한 수준의 단순 반복적인 작업을 끈기 있게 하는 것을 요구하는 일들이 대부분이다. 그래서 한복, 이불 등 일정 정도의 기술을 요하는 작업도 일부 존재하지만 대부분은 숙련도의 차이가 그리 크지 않아 누구나 쉽게 시작하고 쉽게 그만 둘 수 있는 것이기 때문에 내직 부업에 매달리는 여성들의 지속성도 개인별로 차이가 많다.

주부들은 집안에 머무는 시간이 남성보다 많고 그리고 집안에서도 할 수 있는 여러 종류의 가내수공업적 부업을 얻을 수 있는 매개체 역할을 이웃이 할 수 있기 때문에 이웃관계를 실제적으로 활용한다. 이 지역의 대부분의 주부들은 갓난아이가 있어 항상 돌봐야 되는 경우나 남편이 절대로 부업을 반대하는 경우를 제외하고는 약 20여 개의 부업을 수시로 하고 있다. 이러한 부업은 그것들을 수거, 분배하는 몇 집을 통하여 일감을 얻게 된다. 이곳으로 새로 이사온 세대들도 자신이 원하면 얼마든지 함께 어울려 부업을 할 수 있다.

일이 없거나 한가한 시간이면 주부들은 각 방에서 일을 하기보다는 옆 방이나 옆 집 등에 마실을 잘 간다. 이 경우 그냥 이야기만 하기보다 일을 함께 하거나 화투를 하면서 노는 예가 많다. 실제 새로운 사람이 이 지역에 발을 딛어 놓으면 가장 먼저 익숙해지는 놀이 중의 하나가 화투놀이다. 이 놀이는 그냥 심심해서 한다고 해도 돈을 걸고 하는 도박성이 강한 오락 수단이다. 이 과정에서 돈을 따고 잃고, 경우에 따라서는 돈을 꾸기도 한다. 이러한 놀이를 통하여 흉허물이 없어지며 힘든 부탁들도 할 수 있게 된다.

(4) 계조직

살림을 맡고 있는 주부들은 급히 현금을 필요로 하는 경우를 자주 당하게 되며 경제적 여유가 없는 일상생활 속에서 이웃으로부터 만 원 내외의 잔돈을 꾼다. 따라서 거의 일상적으로 부인들은 옆 집이나 옆 방의 사람에게 돈을 꿔달라는 부탁을 하게 된다. 이러한 현금의 이동과 함께 주부들간의 관계에서는 음식의 교환이 중요하다. 찬밥이라도 점심 한 끼 함께 하자는 제안은 이들 부인들간의 이웃관계가 형성되고 유지되는 데 중요한 역할을 한다. 떡을 했을 때, 고사나 생일날 조금이라도 여유가 있으면 이웃과 공유함으로써 평소의 신세를 갚는 성의를 표시하는 것이다. 일단 돈을 서로 꿔주고, 부업도 함께 하는 정도로 친해지면 이들 부인들은 서로의 관계를 믿고 목돈을 장만하기 위한 계를 조직하곤 한다.

현재 이 지역의 부인들은 이웃과 연계되어진 다양한 계에 가입해 있다. 이 계들은 순수한 의미에서의 친목계와 돈계로 나누어질 수 있다. 돈계는 목돈을 손쉽게 장만하기 위하여 10~20여 명의 계원이 달마다 일정 금액을 불입하여 번호대로 목돈을 타는 것인데 대부분의 부인들은 목돈 장만에 이러한 계조직을 이용하고 있다. 현재 관찰된 계들의 성원들은 이들의 사회적 관계망을 잘 보여주고 있다. D부인(66세)의 돈계의 예를 보면 50만 원의 목돈을 만들기

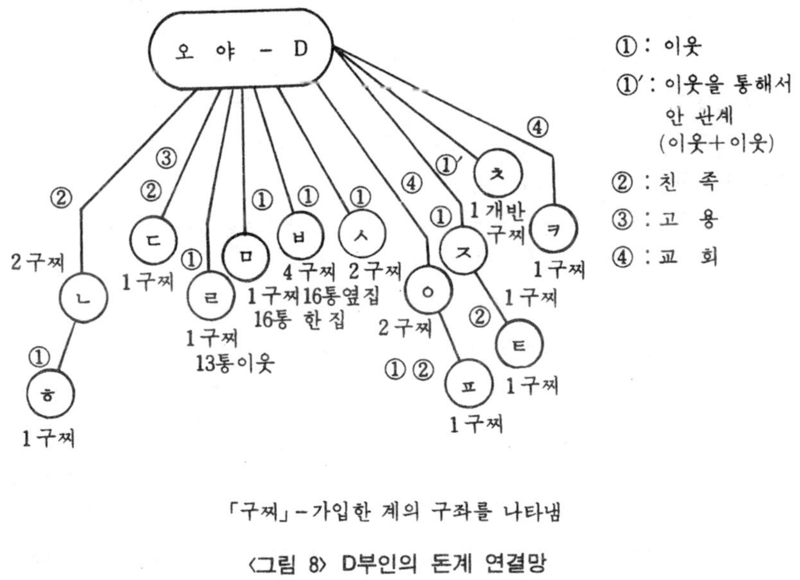

「구찌」- 가입한 계의 구좌를 나타냄

〈그림 8〉 D부인의 돈계 연결망

위하여 21번호 6부계를 구성했다. 14명의 계원 중 이웃부인이 5명, 친척이 1명, 이웃의 친족이 1명, 친척의 이웃이 1명, 교회 사람이 2명, 그 이웃이 1명 등으로 이루어져 있었다(그림 8 참조). 그 외에도 이러한 현금장만과 유사한 것이 반지계이다. 이 계는 친구, 이웃간에 많은데 보통 10명이 구성한다. 몇 개의 반지계는 부업을 하는 계주를 중심으로 일하는 사람들이 목돈 마련을 위하여 계주에게 하자는 제안을 했다고 한다. 이 경우 계주는 계돈을 부업의 대금 지급에서 얻을 수 있으니까 편리하고, 이러한 계를 기반으로 노동력의 확보를 공고히 할 수 있다. 동시에 부업을 하는 부인들의 입장에서는 부업의 대금을 효과적으로 목돈으로 만들 수 있으며 이러한 방식으로 대금 결재를 확실히 할 수 있다. 이러한 상호 이해관계에 의하여 부업을 하는 부인과 그 이웃, 그리고 물건을 수거하는 하청업주들 사이에 계들이 성행하고 있다.

그 외에도 순수하게 친목을 목적으로 한 계들이 많이 구성되어 있다. 이 계들은 매달 음식점이나 한 집에 모여 3,000~5,000원 가량의 회비를 내고 함께 식사하고 놀며 남은 금액은 기금으로 적립한 후 회원집안의 경조사에 노력봉사뿐 아니라 일정금액을 부조하는 모임이다. 대부분의 친목계는 그 계원의 수나 기금에 있어서 차가 있지만, 일정 금액을 식사 등의 경비로 쓰고 경조사에 부조하는 방식에서 매우 흡사하다. 이는 한국 농촌지역 마을에서 흔히 결성되어 있는 의친계와 상당히 유사하다. 형제간에 형성된 형제계에 참여하는 주민들도 있다. 이러한 친목계 등은 지역내에서 어느 정도 장기간 거주한 주민들 사이에 구성된 것이다.

이러한 계 등의 조직은 기존의 단편적인 이웃관계들을 더 지속적으로 만드는 경향이 있다. 즉 각 가구들의 개별적 필요성을 조직적으로 충족시키는 기제라고 볼 수 있다. 이들 조직의 구성원들은 친족관계의 중요성이 상실되어 가고 다른 사회조직에 의한 기능적 대치가 불가능한 상태에서 이러한 조직을 통하여 그들이 필요로 하는 목돈 마련이나 사회적 관계를 확보한다고 볼 수 있다.

주민들이 활용할 수 있는 자원은 비슷한 처지에 있는 이웃간의 협력뿐인데 이웃간의 협력의 전통은 우리 전통농촌마을에서 규범적으로 항상 바람직하게 간주되어 온 관계이기 때문에 도시의 상황 속에서도 손쉽게 활용할 수 있었

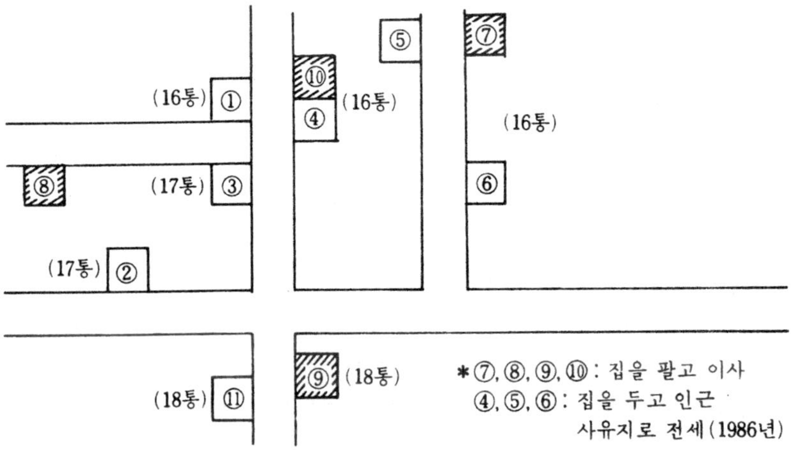

〈그림 9〉 B부인의 친목계 연결망

던 것이다. 이 지역에서 보고되는 계는 이러한 요소들을 복합적으로 모두 포함하고 있다. 가장 계산적으로 이자가 높게 만들어진 돈계란 엄밀한 의미에서는 촌락적 성격의 확대로서 설명되기에는 지나치게 실리적 측면을 지니고 있기 때문에 자조 체계라는 개념의 적용은 부적절할지도 모른다. 그러나 이들이 필요로 하는 목돈의 적립이 다른 방도로는 쉽사리 가능하지 않기 때문에 그리고 기존의 사회관계를 공고히 해주는 부차적 기능 때문에 이러한 금융적 상호 관계가 자조 체계로서 지닌 중요성을 간과할 수 없다.

이웃간에 자주 교환되는 금전 융통도 이러한 계조직 속에서 실제 가능한 것이다. 이웃간에 일정한 계에 참여한다는 것은 일정한 사회적 경제적 채무의 수레바퀴에 끼어 있음을 의미한다. 여기서 신용이란 급할 때 돈을 구할 수 있음을 뜻할 뿐 아니라 여러 조직에 참여하고 있음으로써 여러 사람과 얼켜 있음을 뜻한다. 따라서 이웃간의 관계가 지속된다는 증거는 이사를 가서도 계에 계속 참여한다는 사실에서 볼 수 있다(그림 9 참조). 이러한 계는 또한 함께 모여 음식을 공유하는 과정을 동반함으로써 계원간의 심리적 유대가 강화된다. 이뿐 아니라 계원간에는 다른 이웃과는 질적으로 다른 의례적 행위조차도 요구한다. 예를 들어 계원의 집에 일이 생겼을 때 도와주어야 한다는 도덕적 책임을 어느 정도 요구한다.

이 지역사회에 얼마나 깊이 관여하고 있는가는 이러한 다양한 계에 얼마나 가입했느냐와 직결된다고 볼 수 있다. 따라서 주민들의 경우에도 그 경제활동의 성격, 거주 연수 등에 의하여 참여하는 계의 종류와 성격의 차이가 크다. 이 지역의 장기 거류자 및 이 지역에 기반을 둔 자영업자나 하청업자, 건설업의 십장들은 다른 주민들보다 더 다양하고 활발하게 계조직에 참여한다. 한 가게주인은 이 지역에 20여 년 사는데 친목계에 4개나 가입하고 있으며, 그 부인도 3개나 독자적으로 가입하고 있다. 이 친목회원끼리는 가능한 편의를 서로 봐준다. 예를 들어 ○씨 가게에서는 같은 친목회원인 일수 아주머니의 장부를 맡아서 일수돈을 대신 받아주는 정도로 편의를 봐주고 있었다. 그리고 친목계의 경조사의 부조금은 대부분의 친목회원들에게는 실제적인 큰 도움이 되고 있다. ○씨의 아들 결혼식에는 모든 친목계 회원이 참석했을 뿐 아니라 음식을 장만하고 손님을 대접하는 데까지 도와주었다.

도덕적인 의무가 비교적 덜 요구되는 돈계의 경우에도 이웃간에 신용이 있어 많은 사람들을 끌어들일 수 있는 사람만이 계주가 될 수 있다. 돈과 관계되는 만큼 항상 어느 정도 위험부담을 지니고 있어, 계원의 구성과 계원간의 관계는 계주의 사회 경제적 능력에 따라 결정된다. 계주는 주위의 권유에 의하여 되기도 하지만 대개는 현금동원의 필요성을 느끼는 사람들이 주위의 이웃, 친척, 그리고 일을 함께하는 사람들을 동원하여 조직한다. 이 경우 계주는 계원들의 관리를 위하여 계돈을 융통해 주기도, 사채를 주선하기도 하며, 한 계원에게 번호를 앞, 뒤를 주는 방식으로 위험 가능성을 줄이기도 한다. 때로는 사채업자가 계를 조직하여 담보를 만들기도 하고 돈을 사채로 돌려주기도 한다. 일수 놀이를 하는 한 부인은 자신의 친구와 계원을 15명씩 책임지면서 계를 조직한 예도 있었다. 이러한 일수 부인들은 이 지역의 시장 노점상인들과 연계를 지니고 있어 현금동원력이 크다. 따라서 이 사당지역에서 돈이 급히 필요하면 월 3할에 달하는 고율이지만 융통할 수 있어 주민들이 사채를 자주 이용한다.

(5) 의존과 갈등의 이웃관계

계나 부업, 일거리에 의하지 않고 맺어진 개인 친분관계가 같은 집에 세들어 살며, 화장실, 전기, 상하수도, 쓰레기통을 공유하는 몇 세입자들 사이에 관찰되었다. 한 이웃 남자가 놀면서 부인과 자주 불화를 일으키고 있으니까 이웃 방 사람이 "계속 놀고 있으면 어떻게 하나 아무 데라도 나가 봐야지" 등의 충고를 자주 하고 결국 취직 주선에 성공했다. 그 외에도 부인이 다쳤을 때 업고 병원까지 가주고, 그 병원 비용을 융통해 주기도 했다. 그 외에도 일시적으로 필요한 살림도구들을 서로 빌려 쓰고, 가전제품을 살 때 서로 보증을 서주는 예는 보편적이다. 특히 손님이 갑자기 왔을 때 어린이를 옆 집이나 옆 방에 맡긴다든가, 찻잔 등을 빌리는 경우가 많다. 한 경우에서는 출산달이 가까운 새댁에게 시골에 있는 시집이나 친정에 가기보다 여기서 애를 낳으면 산후 뒷바라지를 해주겠다고 호의를 제안하는 부인도 있었다.

그러나 이러한 협력에도 일방적인 호의로만 끝나는 경우는 거의 없다. 조그마한 신세에도 비록 보잘것없는 선물이나 대접으로라도 반드시 답례를 한다. 옆에 앉아 부업을 조금 거들어 주었더라도 반드시 식사나 차 등으로 답례를 한다. 이러한 의미에서 이들 사회적 관계에서의 교환은 일반적 호혜성에 바탕을 둔 교환이라기보다는 균형을 요구하는 호혜적 교환이라고 볼 수 있다. 그렇기 때문에 이러한 이웃 자조 체계는 손쉽게 갈등관계로 변질되곤 한다. 어느 정도 균형 잡힌 보상을 부지불식간에 요구하며 그러한 기대감이 충족되지 않았다고 느껴질 때 불평이나 싸움이 일어나게 되는 것이다. 특히 공간적으로 협소한 지역에서 놀이 장소가 마땅하지 않은 어린이들이 놀다가 싸울 때 평소의 인심은 순식간에 증오로 변해 버린다. 물론 그 후 남자끼리 나가 화해 술을 먹고 분을 풀어 버리지만 이러한 일은 자주 반복된다. 약간의 돈을 이웃에서 빌렸을 때 얼마 동안이라도 반드시 이자를 쳐주는 데에서도 나타난다. 그리고 공동의 자원을 사용하는 데서 야기되는 불편함에 대하여서도, 공과금의 분담문제에서도 이웃간의 양보는 찾아보기 힘들다.

결국 사당지역에서 관찰된 자조 체계는 구체적으로 주민들의 일상적인 필요물자들을 확보하기 위한 것이다. 이웃은 이들에게 가장 중요한 고용정보,

일거리, 그리고 약간의 금전적 도움들을 얻을 수 있는 대상이다. 그러나 이들의 불안정한 사회 경제적 상황은 이러한 관계의 지속적 유지조차 취약하게 만든다고 볼 수 있다. 잦은 이사, 사업실패, 병, 그 외 예기치 못한 사고 등으로 이들은 자주 금전적 채무를 이행할 수 없으며, 인간관계조차 단절되곤 한다.

이 지역주민들은 신용이 있고 남의 사정을 알아주는 아량이 있는 사람을 좋아한다. 이들은 또한 되도록 정직하게 사는 것이 꿈이며 사람 취급을 제대로 받고 살고 싶다는 표현을 자주 한다. 그래서 이들이 가장 빈번하게 교류하는 돈거래에서도 가장 중요하게 언급되는 내용이 믿을 수 있는 사람에 대한 설명이다. 돈 거래에서 빚진 돈을 안 갚았을 때 상대방이 달라는 것이 마치 자신을 못 믿어 조르는 것 같아 괘씸해서 줄 수 없다는 항의조차 자연스럽게 표현되는 것이다. 물론 현실적으로 신용이 지켜지기가 힘든 것도 상당히 일반적인데 여기서 의미하는 일반적 믿음이란 물질적인 면에만 해당 되는 것은 아니다. 비록 예기치 못한 사정으로 돈을 융통치 못했지만 기본적인 신용을 져버린 것은 아니라는 항의를 자주 듣게 된다. 이러한 면은 이웃과의 관계에서 잘 나타난다. 여기서 남에서 돈빌려 쓰고 갚지 못한 사람들도 일반 사회관계에서 뚜렷한 차별을 받지는 않는다. 대부분의 주민들이 그러한 현금조달의 불편이나 빚을 갚지 못한 경험들이 있기 때문인지 상당히 여유 있게 대한다.

경우에 따라 빚보증 때문에 망했다는 집도 있지만 형편이 어려운지 알면서도 옆 집에서 부탁하는 보증을 거절하지는 못한다. 실제 형편이 아주 어려울 때는 계속 갚지 못하는 데도 약간의 돈을 또 꿔주기도 한다. 이는 이웃으로서 이해의 표시인 것이다. 그래서 돈을 꿔주면서도 이렇게 일이 없어서 되느냐 한번 나가 일거리를 찾아보자는 제의까지도 한다.

여기서는 표면적으로 잘못된 일을 별로 저지르지 않더라도 남의 사정을 몰라 주는 사람들을 낮게 평가한다. 집안이나 골목에서 부인들이 가사일을 도와주거나 김장일을 도와주는 것들도 이러한 맥락에서 이해될 수 있다. 남성들의 건축일에도 주위사람을 데려가는 경우는 모두 사정이 딱한 것을 알고 도와주려는 취지에서 나온 것들이다. 동시에 자신이 어려운 처지에 빠지면 그러한 고려를 주위로부터 기대하기도 한다.

이러한 경향은 이들의 경제활동에서도 뚜렷이 나타난다. 이 지역의 대부분의 일이 그러하듯이 일거리들은 이러한 인간관계의 신용 내지 온정주의에 의하여 얻어지는데 이 일의 수행과정에서 비인간적인 대우를 받는다고 여겨지면 강하게 반발을 한다. 따라서 건설업의 하청업자 역할을 하는 십장이나 부업거리를 맡아서 부인들에게 나누어 주고 수집하는 부업 하청업자들은 노동력의 안정한 확보를 위하여 인간적 관계의 유대에 특별한 신경을 써야 한다. 일이 끝난 다음에 음식 대접이나 술을 사주고, 경우에 따라서는 급한 돈을 빌려주는 아량이 요구된다. 한 건축일에서 십장과 목수 기술자간의 갈등은 일의 내용이 아니라 그 목수의 처지를 생각하지 않고 십장이 명령조로 시켰다는 것이 가장 큰 불만의 요인이었으며 따라서 화해도 인간적 대화에 의하여 같이 술을 먹고 풀 수밖에 없다. 여성 주부들이 자주 참여하는 파출부 일에도 가장 크게 불평을 하는 것은 일의 과다보다는 얼마나 인간적 대우를 하느냐에 관한 것이다. 이들은 주인 여자 속옷까지 빨면서 같은 여자로서 인간적 모멸감을 느끼며 자기들을 마치 봐주는 것같이 하면서 시킬 일은 전부 시키는 방식을 가장 싫어한다고 전한다.

이들 사이에 일단 인간적 신뢰가 생기면 그 관계는 전인격적인 상호 교류가 가능해지게 된다. 이 지역에서 친하게 지내는 세 명의 젊은 주부들은 같은 집에서 세를 들었던 사람들로서 돈이 필요할 때 빌려주고 갚으며, 집안 가사일도 서로 도와주고, 일거리도 서로 주선해 주는 관계로 맺어져 있다. R(36세) 부인이 하던 파출부 일을 친구가 하고 그 부인의 소개로 다른 부인도 파출부를 하는 등 이미 같이 살던 집에서 이사는 갔지만 긴밀한 연락을 서로 취하고 있다. 경우에 따라서 이러한 이웃친구가 친목계 형식으로 조직화되기도 한다. 한 부인은 친목계원인 부인을 따라 인근지역으로 이사오기도 하고, 자신의 아들이 결혼식을 올리지 않고 살림을 차리려고 한다고 방을 구하러 오기도 한다. 그뿐 아니라 이렇게 인간적인 결합관계를 중요시하기 때문에 주위의 비슷한 처지에 있는 남녀 사이에 중매들도 자주 해준다.

인간적 유대에 기반을 둔 사회관계는 현실의 치열한 경쟁에서 심리적 위안을 가능하게 한다는 면에서 긍정적이다. 그러므로 이러한 관계는 엄밀한 의미에서 비슷한 처지에 있는 사람들간의 최소한의 생존을 위한 자구책의 일환으로도 볼 수 있다. 현실 속에서 끊임없이 좌절을 경험해 온 이들 주민들에게 자신들의 인간적 존엄성을 이러한 관계의 강조에서 얻을 수 있기 때문이다. 그리고 이러한 관계는 현실적으로 가사일, 부업, 일거리에 대한 정보와 돈을 얻는 데 실제적인 기능을 발휘하기도 한다. 물론 이 현실적 유용성은 이들의 불안정한 경제상황에 따라 갈등적 상황을 이러한 인간관계에 불러일으키기도 한다.

이러한 관계는 일부의 사회관계에 강한 연대감을 부여할 수 있지만 이 지역의 사회관계의 개별성을 강조하는 영향도 크다. 왜냐하면 이러한 전인격적인 관계가 다수의 사람들에게 일반적으로 통용되기는 힘들기 때문이다. 이러한 관계를 맺지 못하는 사람들에게는 이 지역도 다른 도시지역과 마찬가지로 불특정한 다수의 타인들이 사는 거주지일 뿐이다. 그리고 이들의 사회 경제적 필요성을 이러한 소수 친밀한 사람들을 통해서만 해결하려고 하기 때문에 이러한 관계가 이 지역의 일반적 현황을 개선하는 데는 전혀 기여할 수 없다. 실제 이 지역내에서 일어난 붕괴사건, 하수도보수의 문제, 청소년문제 등에는 이러한 긴밀한 이해관계에 기반한 해결 기도는 전혀 없었다.

결론적으로 사당지역의 주민들은 그들의 취약한 사회 경제적 지위와 그들이 접근할 수 있는 사회 서비스 체계의 미비 때문에 그들 자신들의 생존을 위하여 다양한 사회조직들을 내부에 갖고 있다. 이들 조직은 동시에 그들 내부의 분화에 따라 그 성원들, 의무와 권리 등에서 다양하다. 그러나 이러한 조직은 그 분산적이며 개별적인 성격 때문에 지역사회에서 고질적으로 존재하고 있는 사회 경제문제에 접근하지 못하고 있다. 작은 이해관계의 차이가 유발하는 갈등요소들을 내재한 채 이러한 계조직과 이웃관계에 기반을 둔 자조체계는 이들의 경제적 불안정성을 보완하면서 기능을 발휘했다.

VIII

지역빈민운동

1. 재개발의 추진과정과 세입자대책위원회의 부상

사당 2동지역에서 지역주민들의 집단적 조직이 공식적으로 부상된 것은 지역재개발이란 당면과제에 대한 주민들의 결성이 전제되었기 때문이다. 재개발추진위원회는 여기서 가장 주도적인 역할을 한 조직이다. '재개발추진위원회' 활동은 합동재개발방식을 권고하고 있는 서울시의 주택정책과 긴밀한 관련이 있다. 이러한 정책 아래 주택을 소유하고 있는 가옥주들이 개발의 주체가 될 것이 요구된다. 이론적으로 서울시가 조정의 역할 그 이상을 담당할 필요는 없다. 그러나 이 지역의 재개발추진위원회의 구성과 그 기능을 볼 때 이러한 행정당국의 불간섭주의는 실제와는 상당한 거리가 있었다.

사당 2동도 불량주택지구로서 이미 수차에 걸쳐 재개발대상지역으로서의 공고가 있었으나 효과적으로 추진되지는 못했었다. 그러나 지하철의 건설과 주변의 반포, 서초, 방배동 등이 중산층주거지로 개발되고, 과천의 종합청사 이전과 함께 이 지역의 입지조건이 개선되어 택지개발로 인한 개발이윤의 잉여창출이 매우 용이한 지역으로 등장하게 되었다. 재개발추진위원회의 구체적인 형성은 재개발에 관한 정보를 지닌 한 통장 ㄷ씨가 서울시 도시계획 담당자와 협의를 한 후 사당 2동 통장들을 통하여 가옥주의 80% 이상의 동의서를 받는 데서부터 출발했다. 이때가 1984년 4월이었으며 공식위원회 구성과 임원선출을 위한 주민총회가 5월에 열렸다. 이때 두 지역에서 각기 다른 입후보자가 나와 경쟁한 후 각기 해당되는 지역을 분리하는 공구설정을 서울시에서 인정하여 1,2공구로 나누어져 사업이 추진되었다. 두 지역출신의 위원장이 여기서 격렬히 부딪친 이유는 재개발추진위원회 위원장으로 일단 선출되면 건설회사를 선정하거나, 측량, 설계과정 그리고 집행부 구성, 서울시와의 교섭 등에서 상당한 권리를 행사할 수 있기 때문이다.

위원장이 선출된 다음 반상회에서는 1인씩 대의원을 선출하여 총해당가옥주 557명을 대표하는 55명의 대의원을 구성했다. 각 통장들은 자동적으로 대의원들에 포함되었으며, 대의원회에서 다시 모두 이사로 되었다. 2명의 이사가 대의원회에서 추가로 뽑혔다. 집행부의 구성은 위원장 의견에 따라 이루어졌는데 부위원장으로는 이 재개발추진위원회 구성에 필요한 자금을 제공한 지역숙박업주인 ㄱ씨가 되었다.

임원이 구성된 후 서울시 자료를 갖고 정관을 만들었고 5개 건설회사에 공문을 보내 참여조합의 가능성을 타진했다. 건설회사인 참여조합 선정은 1981년 9월 주민총회에서 그때까지 참여의사를 밝힌 K와 S건설회사를 두고서 주민들에게 유리한 보상조건을 제시한 S건설로 낙착되었다.

S건설은 곧 두 명의 상근직원을 재개발추진위원회 사무실로 파견하고 적극적으로 사업추진을 하는 한편 사무실 유지비로 매월 470여 만 원을 지급하기 시작했다. 그러나 S건설이 자금난으로 인하여 은행관리로 넘어가게 되어 새로운 회사를 선정해야만 하였다. 이때 S건설은 그들이 이곳에 이미 투자한 자금 4~5억을 메꾸기 위해 I라는 작은 규모의 회사를 연대보증회사로 내세웠다. 이 과정에서 '재개발추진위원회' 집행부는 일부의 반대를 무릅쓰고 이를 추인했다.

그러나 이 결정에 반대하는 대의원들이 가옥주들의 지명을 받아 I토건보다 규모가 크고 아파트건설로 유명한 W건설로 대체하자는 운동을 벌였다. 결국 전체 대의원 55명 중 33명이 집행부 불신임을 위해 1986년 10월 대의원회를 소집하여 불신임안을 통과시켰다. 그래서 위원장이 사퇴하고 후임에 초기 재개발추진위원회 형성과 위원장 선거에 자금을 댄 부위원장이 신임 위원장으로 선출되었다.

참여조합은 주민총회를 걸쳐 새 집행부에 의하여 바뀌었으며 S건설은 W건설로부터 투자된 자본의 일부를 회수했다. 그러나 1987년 3월 집값보상으로 재개발 후 분양되는 아파트 평수에 대한 결정을 하는 관리처분계획을 위하여 소집된 주민총회에서 다시 집행부에 대한 비리폭로와 불신임안이 제기되었다. 일부의 대의원이 측량과정과 설계에서 토지의 일부를 집행부가 관장하려고 한 것과 측량, 설계비용 지출상의 횡령여부 등을 구체적인 수치를 들어 공격하면서 이 과정을 공개하라고 요구했다.

이 주민총회에서 물리적인 충돌이 있었으며, 그 이틀 후 20~30명의 아주머니들이 조합사무실에서 집행부 퇴진을 요구하고 농성을 했다. 그러나 집행부측은 주민총회에서 합법적으로 인정받았기 때문에 일부 주민들의 반대로 물러설 수 없다는 입장을 취했다. 이 와중에 집행부측을 위해 열심히 뛰던 ○○통 통장은 주민들에 의하여 불신임을 받고 그만두게 되었다.

이러한 '재개발추진위원회' 집행부의 구성과 운영에 대하여 가옥주 주민들은 정확한 정보는 차단된 채 몇 명의 영향력 있는 유지의 주도에 따라 움직이는 경향을 보였다. 적극적으로 참여하지 않고 단순히 따라가기만 하는 주민들은 이러한 '재개발추진위원회' 내부의 갈등을 헤게모니 쟁탈전으로 보기도 한다.

그러나 측량과 설계에 관한 의혹이 완전히 풀려지지도 않은 채 어떻게 하든지 '재개발'을 강력하게 추진시키려는 의지를 보여주려고 현 집행부가 의혹을 받으면서도 건설회사와 함께 계속 일을 추진했다. 이는 주민 대다수가 재개발 자체보다는 개별 가옥판매에 따른 이윤에만 관심이 집중되어 있기 때문이기도 하다.

지역내 가옥주들은 이러한 개발로 인하여 주택가격의 상승이 예상되며, 개발 후 아파트 입주권의 판매로 인한 수입기회 등을 고려하여 '합동재개발'이란 형식의 재개발을 적극적으로 지지했다. 그래서 가옥주들이 참여하는 '재개발추진위원회'가 손쉽게 결성된 것이다. 그러나 엄밀한 의미에서 이 위원회는 주민총회에 의하여 결성되었다기보다 행정당국의 종용과 건설회사의 간접적 지원으로 '재개발추진위원회'라는 단체로 모습을 갖추게 된 것이다. 물론 이 구성에는 지역내 예상되는 부동산 경기에서 이득을 볼 것이 너무도 분명한 다수의 부동산업자들이 개입되었다. 실제 부동산업자 몇 명이 대의원으로 선출되었다. 대의원들은 이 지역의 유지, 즉 자영업 종사자들이 대부분으로 총 55명으로 구성되었다. 이 과정은 임의직으로 다수를 주민총회에서 뽑았다기보다는 미리 내정되어진 사람들을 인준하는 형식을 취했다. 이러한 구조는 주민들의 자발적인 의사표시를 제한하고 하달식의 체계에 의존하게 한다.

일반 가옥주들의 이해관계가 표면적으로 표현되어 '재개발추진위원회'의 결정에 영향을 준 사건은 건설회사 선정을 둘러싼 논쟁이었다. 처음부터 개입하여 '재개발추진위원회'의 형성에 자금을 제공한 건설회사가 부도를 낼 정도로 자금사정이 안 좋아 그 회사와 관계되는 I회사와 계약하도록 압력을 가하게 된 사항을 두고 주민총회 즉 가옥주총회를 열었다. 그러다가 그 I회사가 규모가 적다고 더 큰 회사로 계약선을 바꾸어야 한다는 주장들이 뒤엉키게 되었다. 이 과정에서 각 회사와 관계되는 주민들이 다른 가옥주들을 설득하게 되고 결국 찬반으로 의견이 반분되면서 각 측에 대한 인신공격까지도 나타났다. 이때 결정은 I회사로 났으나, 그 후 이러한 결정을 내는 데 중요한 기여를 한 위원장에 대한 불신임과 전경들이 들어가는 등의 소동을 거쳐 비교적 잘 알려진 W건설회사로 낙착되었다.

여기서 문제는 주민들의 현재 가옥과 공공부지를 어느 정도까지 인정해 주어야 하며 따라서 아파트 분양 평수와 각 가구가 서울시로부터 분양받은 토지와의 차이를 어떻게 계산하느냐에 있었다. 이 과정에서 가옥주들은 그들의 실평수에 대한 인정이 그 전 회사의 조건보다 못하다고 항의를 하고 있지만 W회사의 명성 때문에 아파트의 분양이 순조로와 프리미엄이 많은 것을 예상하는 가옥주들에 의하여 W회사로 최종 결정이 되었다.

이 과정은 그러나 대다수 가옥주에게는 그렇게 큰 관심은 아니다. 왜냐하면 많은 기존의 가옥주들은 이미 집을 전매한 단계이며, 이들에게 관심은 아파트단지보다는 어느 회사가 맡아야 아파트 입주권의 가격을 높일 수 있겠느냐에 있다. 그리고 가옥의 가격은 언제 집이 팔려야 가장 좋은 가격인가 하는 것에 관심의 초점이 맞추어져 있다.

실제 그 아파트에 입주하기 위하여서는 국가에서 불하받은 땅값을 지불해야 하며 또한 그 평수를 아파트분양 평수에서 뺀 나머지 평을 정상 분양가격으로 계산 지불해야 한다. 그러나 이곳에서 짓는 아파트단지는 중산층을 대상으로 건설하기 때문에 이들 저소득층 중에서 아파트유지·관리비용을 부담할 능력이 있는 사람들은 거의 없다. 따라서 기존 가옥주들은 가옥판매자금이나 프리미엄을 받고 팔 때 나올 차액을 기대할 뿐이다. 그렇기 때문에 재개발추진위원회와 건설회사간에 이루어지는 세세한 계약조건에 대한 엄밀한 관심을 표시하지 않는 것이다.

재개발추진위원회를 자신들의 입장을 대변해 주는 조직으로 인식하는 가옥주는 아주 드물다. 이주보조금으로 재개발추진위원회에서 지불되는 500만 원도 건설회사에서 지급하는 것이며, 세입자와 갈등을 야기하는 문제에서도 일반 가옥주들이 직접 나서는 경우는 없었다. 이사간 후 집을 부수는 작업도 재개발추진위원회에서 고용한 인부가 옮기자마자 해치우는 것인데 이 모든 비용은 건설회사에서 지급하였고, 가옥주들의 회비징수와 같은 공동 이해관계에 따른 합동적 활동은 아니었다.

재개발추진위원회는 가옥주의 이해관계를 대변해 주는 조직이며 재개발의 명실상부한 추진 주체이지만 결국 이사진은 모두 해당구역의 통장으로 구성되어 있으며 주민들의 투표로 선출한 회장, 부회장 등의 임원진은 개발과 직접적인 이해관계를 지닌 부동산업자, 자영업자들이었다. 동시에 재개발과정에서 현지주민들이 외부인들에게 집을 매각하는 비율이 높아지는 관계로 실제 투표권을 행사하는 '주민대표'가 이 지역에서 살아온 주민들을 대표한다고 보기도 힘들었다. 주민들의 일반 의견은 건설회사의 선정, 임원의 선출에 제한되는데 건설회사 선정에 따른 손익을 따지기에는 주민들에게 가능한 정보가 제한되며, 여기서 개입되는 비용이 주민들의 경제력에 비하여 상상하기 힘들 정도(재개발추진위원회 운영비 몇 백만 원)로 크기 때문에 회사와 연계되어진 또는 행정당국이 선호하는 기업들과의 연계 속에서 추진될 수밖에 없었다.

사당 2동의 세입자들은 '재개발추진위원회'가 구성되고 건설회사가 설정되는 과정에서 재개발에 대한 주의를 거의 기울이지 않는 것 같았다. 실제 연구가 시작된 1986년도에도 이주해 오는 가구, 관내이동을 하는 가구들이 많았다. 재개발 후 이주를 어디로 어떻게 할 것인지에 대한 구체적인 계획을 하고 있는 가구가 드물었다.

그러나 이러한 양상은 이주보조비를 새로 맡은 W건설이 지불하고 철거가 일부 시작되면서 서서히 변하기 시작했다. 다른 재개발지역에서 일어난 철거반대시위들에 대한 이야기들도 나오고 세입자에 대한 보상관계가 목동과 상계동지역의 예와 비교하여 논의되었다. 이러한 분위기가 좀더 체계적인 운동으로 조직화되는 데는 이 지역에 상당기간 들어와 상황을 살펴보던 빈민운동단체와의 연계가 중요한 촉매작용을 했다고 보여진다.

2. 세입자대책위원회의 부상

이제까지 직접적인 관심을 표시하지 않았던 세입자들이 연대하여 체계적인 철거반대운동을 전개할 수 있게 된 것은 세입자들간의 문제의식 고조와 외부운동단체와의 연결이 이루어진 다음에야 가능했다.

1987년 들어 철거하는 가옥수가 증대되면서 보상문제에 대한 세입자들의 관심이 고조되는 과정에서, 지역내에서 활발한 사회관계망을 갖고 있는 전세입자인 한 부녀회장이 이 운동조직에 적극적으로 협조를 하기 시작하면서 조직화가 추진되었다. 그 후 부녀회장 주변 사람들로부터 확대된 후 지역연결로 확대되었고 드디어 8월 5일 최종 준비 모임을 가졌으며 첫 공식 모임은 8월 16일 제1공구의 철거된 빈터에서 가졌다.

이 첫 모임을 조직하는 데에는 천주교와 기독교의 도시빈민분과와 재야단체가 협조했다. 모임은 세입자들에게 자신들의 생존권을 위하여 단결해야 될 필요성을 주지시키고 이 운동을 추진해 나갈 집행부를 뽑는 데 그 목적이 있었다. 세입자들에게 문제를 던지기 위하여 사당동과 비슷한 철거지역에서 실제 철거반대저항을 하여 어느 정도 보상을 받는 데 성공한 사례들을 발표하는 것으로 모임이 시작되었다. 목동, 상계동에서 철거반대투쟁을 한 주민들의 발표는 세입자들이 어떻게 부당하게 취급받는가 그리고 가옥주와 세입자간의 갈등이 철거정책에 의하여 야기되며 이 운동과정에서 지역 아주머니들의 역할이 크다는 내용으로 되어 있었다. 진지하게 듣고 있던 150여 명의 주민들은 열띤 반응을 보였으며 그 자리에서 집행부 회장, 총무, 부녀회장이 선출되었다.

그러나 이 첫 모임 후 선출된 집행부, 특히 회장은 신병을 핑계로 모호한 태도를 취하여 후속 모임들이 곧 뒤따르지 못했다. 여기에 부녀자들이 나서서 이 회장단을 임시라고 해 버리고 통 중심 대표운영방식을 취해 버렸다. 그 후 회장과의 의논 없이 일방적으로 9월 7일 모임을 갖게 되었다. 이 세입자총회에서는 첫 모임 참가수의 배가 되는 약 300명(여성 250명 남성 50여 명)이 왔다. 회장단의 참석이 없는 세입자총회에서 주민들 가운데 과거 택시노조에 관여한 경험이 있는 한 운전기사가 사회를 자청해 모임을 이끌고 갔다. 여기서 주민들 특히 이주머니들의 적극적인 의사표시가 있었다. 죽어도 끝까지 싸우겠다는 아주머니의 선언도 있는 등 분위기가 매우 고조되었다.

주민총회를 당분간 매주 월요일 저녁 9시에 개최하는 것으로 정했다. 이 총회를 마친 후 부녀자들의 개인적 연대를 통한 조직 확대가 시도되었다. 제1공구에 사는 한 아주머니는 다른 한 분과 동행하여 연고가 있고 세입자들이 많이 거주하고 있는 3층집을 방문하여 세입자들이 단결해야 될 필요성을 역설했다. 이들은 세입자총회의 경과를 설명하고, 목동과 상계동의 예를 들어가면서 세입자 뒤에 대학생 등의 지지세력이 있다는 것을 역설하면서 자신감 있게 싸워야 한다고 전했다. 특히 재개발이 집주인에게도 유리한 것이 아니라 다만 복부인에게만 득되는 일이라고 주장했다.

강제철거에 대하여서는 공동으로 대처하여야 한다면서 구체적인 방법까지 제시했다. 즉 철거인원들이 오면 서로 전화를 하여 함께 방어해야 하는데 이때 아저씨들이 나오면 사람을 다치게 되니 아주머니들이 앞장서야 한다고까지 했다. 이러한 강력한 설득에 한 세입자인 아주머니가 전화번호를 적어주고 다른 세입자들도 적극적인 관심을 표시했다.

이렇게 개인적인 접촉에 따른 초기단계의 확대가 전개되면서 세입자들에 대한 구체적인 보상대책이 '세입자대책위원회'에서 제시되면서 서명운동에 들어갔다. 사당 2동지역에서 해당되는 세입자는 총 1,400 여 가구인데, 현재 재개발대상토지가 6만 평인데 그 중 대토 1만 평을 정부로부터 얻어내자는 주장이다.

이 서명운동에는 상당수가 호응을 했다. 개인적 접촉에 의하여 세입자대책을 위한 총회에 여러 번 참석한 세입자 다수가 서명을 했다. 우리연구의 심층면접대상 가구 중 뚜렷한 대안이 없는 4가구가 처음부터 서명을 했다.

재개발추진위원회에서는 세입자에 대한 보상책으로 세입자 가구당 9평씩의 입주권을 주거나 1인당 16만 원으로 계산해서 5人 가족에게는 80만 원의 이주비를 지불해주겠다고 제안을 했다. 이를 추진하기 위해 이주비 신청서를 세입자에게 돌렸다. 이주비 신청을 한 세입자들은 대체로 전세 등을 얻을 수 있는 최소한의 대안을 갖고 있는 층이었다.

세입자대책위원회에 적극적인 세입자들은 이주비 신청을 보류하고 있다. 특히 세입자철거대책위원회가 9월 중순 연구지역의 200여 명을 모아 놓고 연설을 한 후 이주비 신청을 한 가구가 없다. '세입자대책위원회' 모임에 적극적으로 활약하는 G씨는 우리심층연구대상 가구주인데, 건설업 종사자로서 당시 고정팀으로부터 이탈하여 간헐적인 일감만 갖고 있었다. 한 아주머니는 그 연락책임을 자발적으로 맡고 있었는데 주로 외부의 선거투쟁사례를 전하고 보상의 수준이 우리가 버틸수록 높아질 수 있다고 주변 아주머니들에게 영향력을 행사하고 있었다. 매주 개최되는 세입자주민총회는 이제까지의 진행을 설명하고 몇 번의 구호선창으로 마무리하는 식으로 이루어졌다. 그 참석인원은 처음 150여 명에서 300여 명으로 증가하고 열띤 호응을 받는 적극적 분위기였다.

9월 24일 세입자 모임 사무소도 설치했다. 구호를 담은 유인물도 준비되었으며 익숙한 노래를 세입자 주장을 담도록 개사하여 부르기도 하면서 단결과 친목을 강화시켰다. 그리고 세입자들의 힘을 보여주기 위하여 10월 초에는 지역을 다니며 구호를 외치는 시위조차 기획되었다.

이러한 '세입자대책위원회' 활동의 발전과정에서 세입자와 가옥주간에 미묘한 대립, 갈등이 눈에 띄기 시작했다. '재개발추진위원회' 관계 인사들 특히 통장들이 '세입자대책위원회' 모임에 공개적으로 비판적인 평을 하는 것이 보였다. 본연구자가 주로 접촉하던 가옥주들도 세입자 모임 자체에 반감을 표시하고 집주인은 힘들여 집이라도 샀는데 그 집에 세든 세입자들이 할 수 있는 이야기는 무엇이냐는 식의 비판을 한다. 특히 세입자 모임에 참가하는 모든 사람들을 경계의 눈으로 보는 가옥주도 있다. 정도의 차이는 있지만 대부분 가옥주들은 세입자들의 요구가 지나치다고 본다. 자본주의 사회에서 집을 소유한 집주인과 세입자의 권리에 필연적으로 차이가 있기 마련인데 마치 집을 소유한 사람처럼 세입자들이 권리를 가지려고 한다면 그것은 억지이며, 해도 너무 한다는 반응을 보이고 있다. 이러한 단계에서 이들 세입자 내부에도 분열의 양태가 일부 보이기 시작했다. 조직확대에 적극적이었던 한 아주머니가 친정 식구와 남편의 반대에 굴복하여 이사갔다. 한 세입자는 '재개발추진위원회'와 접촉하여 세입자 회원모집을 하다가 그 경위를 자백한 후 강제로 탈퇴당하기도 했다.

이러한 세입자 모임이 진행됨에 따라 심층면접 가구 중에도 두 가구주가 적극적 참여 중심으로 부상했다. 처음부터 활동적이었던 G씨는 회의의 발언, 참가뿐 아니라 조직의 확대에까지 활동을 벌이고 있다. 이는 그가 위치한 불안정한 경제상태뿐 아니라 그가 건설업에서 오야지로 부상했던 지도자 경력이 그러한 역할을 담당하게 작용했으리라 생각된다. 여성 가구주 중 가장 적극적인 사람은 할머니이다. 이 할머니는 교회권사로서 조직내 일을 해 본 경력이 많고 이웃과 교회내의 신망을 바탕으로 자본이 없음에도 불구하고 다수의 계를 조직해 왔었다. 이러한 사회적 배경이 이 할머니가 적극적으로 부상하게 된 요인으로 작용한 것 같다. 이들은 다른 지역의 총무를 초청해 이야기를 듣는 등 단위 모임조차 자발적으로 조직하여 주변 세입자들간의 결속력을 다지고 있다.

세입자 모임은 철거와 연관된 사건을 통하여 몇 건의 실력행사를 함으로써 세입자들의 결집된 힘을 지역 내외에 보여주었다. 처음 사건은 사당 3동 철거 현장에서 잔인한 여성 폭행을 보고 온 여성 세입자에게 '재개발추진위원회' 이사인 통장이 더욱 심한 욕을 첨가하여 여성 세입자를 모욕한 데서 발단했다. 이 말은 그날 저녁 세입자 부녀회 모임에서 공개되었으며 세입자 총회에 모인 약 250여 명의 주민이 문제의 통장의 구멍가게로 모두 몰려가 한 시간 가까이 항의했다. 소식을 듣고 달려온 '재개발추진위원회' 총무와 다른 통장들도 나와 대치중이었다가 한 통장이 병을 휘두르고, 주민들은 돌을 던지는 폭력적인 사태까지 발생했다. 여기서 주민들은 통장한다고 재개발추진위원회에서 돈이나 받아 먹으며 실제 주민을 위해 한 것이 무엇이냐는 강력한 항의를 했다. 결국 경찰이 동원되고 '재개발추진위원회' 총무가 중재를 하여 관계 당사자가 경찰서로 가는 것으로 사건은 일단락지워졌다.

곧이어 이 사건이 일어난 지 3일 후 야당 대통령 후보자들이 세입자측의 초대에 따라 잇달은 방문을 했으며 이때 세입자측은 현수막 외에 '철거투쟁'이 쓰여진 머리띠를 두르고 참여했다.

11월 말일에는 세입자 대동제가 열렸다. 이 모임을 통하여 주민들의 결속을 재확인하고 이제까지의 투쟁경과보고와 외부 지원세력과의 연대를 재확인했다. 여기서 서울철거민대책협의회에서 온 철거민이 자신의 경험을 토대로 철거민 문제에는 무엇보다도 주민들끼리의 연대가 중요하다고 재삼 강조했다. 이어 철거민정착촌인 복음자리 놀이패가 놀이를 주도하여 지역주민들이 어울려 노는 잔치가 계속되었다. 그러나 쌀쌀해지는 날씨관계로 야외의 총회 모임이 힘들게 되었으며, 더 긴밀한 접촉을 위해 총회보다는 통단위의 모임이 12월부터 매주 월요일 열리게 되었다.

정기적인 모임이 별다른 진전이 없이 담보상태를 이루고 있을 때 철거된 뒷집 축대가 무너져 6세 남아가 이것에 덮여 사망한 사건이 1987년 12월 27일 발생했다. 전세입자인 부모는 당시 무직이었는데 '세입자대책위원회'측의 설득으로 보상을 요구하게 되었다. 이러한 사건을 계기로 약 300명의 세입자들은 남아 있는 세입자들에 대한 대책과 아이에 대한 보상금을 4,500만 원 지불하라고 요구했다. '재개발추진위원회'에서는 자신들이 보상을 해야 할 아무런 의무가 없다고 주장했고, 건설회사에서는 부모에게 1,000만 원을 주고 타협을 해 버렸고 부모는 곧 이사해 버렸다. 그 후 세입자들은 15일, 18일,

21일 3일에 걸쳐 민주, 평민, 민정당사를 찾아가 농성했으며 동시에 16, 17 양일간에는 재개발추진위원회 사무실을 점거 기물을 파괴했다. 이러한 사건들은 세입자들이 활발하게 움직이는 계기를 만들어 주었다. 기존의 600명의 회원 외에도 다른 세입자들이 가입희망의사를 보였으며, 세입자끼리의 호응, 결속감이 강화되어 어느 세입자는 자발적으로 닭까지 잡아다 주기도 하였다.

계속적인 정기 모임과 세입자의 이주를 막는 일련의 시위들이 '세입자대책위원회' 가입가구 수를 급증시키는 작용을 했다. 1988년 4월에 이르러 1,000여 가구에 달하게 되었다. 이들의 요구조건도 서울시가 이 지역의 재개발로 예상되는 240억 원의 이윤 중에 10%를 자신들에게 재투자할 것으로 변했다.

더구나 국회의원 선거 기간이 지난 다음부터 사업승인도 가옥주뿐 아니라 세입자의 동의까지도 있어야 가능한 것으로 변했기 때문에 재개발지구의 강제철거가 거의 불가능하게 되고 '세입자대책위원회'의 실력행사가 더욱 활기 있게 되었다. '세입자대책위원회'의 항의투쟁은 가옥주가 이주한 집의 강제철거를 막고 부동산 투기에 관계하는 부동산업자와 '재개발추진위원회'에 대한 부정기적인 공격을 통하여 이루어지고 있다.

지역내 이주가 일어날 때마다 세입자대책위원회에 가입한 세입자들의 거주권리가 '세입자대책위원회' 측의 실력행사로 보호되었다. 임시주민회의를 통한 정보의 제공이 활발하여 무엇인가 획득해 가고 있다는 인식이 세입자들에게 확산되자 세입자의 부인들은 지역 밖의 일은 거의 손을 놓은 채 '세입자대책위원회'의 집단행동에 적극 참여하게 되었다.

세입자들의 모임은 재개발추진위원회와는 그 합법성, 행정기관과의 관계, 모임의 구성, 활동에서 매우 대조적이다. '재개발추진위원회'가 합법적인 단체로서 행정당국의 적극적 지원을 받아서 형성되었음에 반하여 '세입자대책위원회'는 재개발을 반대하는 주민의 자발적 단체로서 항상 공권력에 대항하는 활동을 전개했다. 그리고 '재개발추진위원회'가 건설회사로부터 그 운영비를 전적으로 지원받고 있음에 비하여 '세입자대책위원회'는 빈민운동단체들로부터의 간접적인 지원 외에는 주로 주민 자체내의 조직과 경제적 부담으로 운영되었다. 모임에 참석하는 방식에도 차이가 났는데, '재개발추진위원회'가 남성이 절대 다수인 가옥주가 형식적으로 지원하고 행정의 공식조직인 통장들이 주로 담당하는 데 반하여 '세입자대책위원회'는 철거반대에 적극적으로 항의하는 주민들이 자신들이 살고 있는 지역을 중심으로 활동을 조직화했다. 적극적 참여자의 대다수는 여성들이었으며 초기 구성과 운영에서 실무를 담당한 통책들은 대부분 여성들이었다. '세입자대책위원회' 모임은 주로 정보교환, 공동투쟁을 중심으로 이루어졌는데 각 지역별로 활발한 논의와 의견교환을 바탕으로 비교적 민주적인 조직으로서 기능을 발휘했다.

1987년 8월부터 활약을 한 세입자대책위원회는 1988년 11월 제2차 강제철거를 계기로 재개발추진위원회와 협상을 한 후 해체되었으며 2/3의 세입자 가구가 세입자대책위원회에서 탈퇴하면서 일단락지워졌다. 그 후 몇 달간은 잔류 세입자들에 의하여 재구성되었지만, 내부분열과 투쟁성의 약화로 1989년 3월에는 자체 해산의 길로 접어들어 섰다.

공식적으로 부상된 '세입자대책위원회' 조직의 운영은 여러 측면에서 여성조직으로서의 특징을 두드러지게 보였다. 첫째, 여성들은 대중동원의 절대다수를 차지했다. 철거반대의 대중적 시위는 여성들이 주로 참석한 통별회의와 전체 모임에서 서울의 다른 지역에서 투쟁한 여성의 사례를 듣고 세입자들의 권리가 무엇이며 어떠한 요구가 정당한가라는 설득을 통하여 가능했다. 이러한 모임을 통하여 세입자 생존권에 대한 의식을 갖게 되고 무엇보다도 행동을 해야만 세입자들의 최소한의 권리가 보장될 수 있다는 데 의식을 같이하게 되었다. 공식적 모임뿐 아니라 적극적인 부인들은 자신들이 평소 가깝게 지내던 이웃, 친구들을 통하여 동조자들을 확대해 갔다.

둘째, 대중동원의 계기들이 여성에 대한 모욕, 어린이 압사 등 이들 여성들이 구체적으로 자신들의 문제로 인식하는 사건들로 출발하여 공식적인 인정을 받는 단계로 전개되었다. 세입자 여성에 대한 '재개발추진위원회'이사의 모욕에는 여성 모두가 집단으로 몰려가 항의했으며, 아동의 압사를 낳은 철거의 비인간성을 고발하는 과정은 이들의 관심이 다른 기관으로까지 확대되는 계기를 만들었다. 이를 계기로 가입 가구의 수도 급증했다. 몸으로 세입자 주부들은 이사한 가옥을 철거하는 것을 막았고, 부동산 투기에 관련되었다는 혐의가 있는 부동산업자와 '재개발추진위원회' 사무실에 대한 부정기적인 공격을 하게까지 되었다.

셋째, 여성들의 참여가 점차적으로 조직화되었다. 이러한 과정은 통별로 조직된 지역 모임으로 연결되어졌다. 대부분의 통책은 '세입자대책위원회'에 적극적인 부인들이 맡았으며 이들의 동원력은 세입자들이 거주권리가 자신들의 집단적인 실력행사로 유지될 수 있다는 확신을 주는 데 기여했다. 이러한 확신이 생기면서부터 이주금을 받고 이사를 가는 세입자들이 거의 없게 되었으며, 남성들의 참여도 증가되었다.

넷째, '세입자대책위원회'에서의 활약은 결과적으로 세입자와 가옥주와의 대립적 이해관계가 분명하게 드러나게 했다. 동시에 세입자 내부의 결속력이 강화된 것이다. 가구주인 남성들은 이 단계까지 간접적으로밖에 관여하지 못했다. 이는 이 지역의 사회적 관계, 특히 세입자들간의 관계가 여성들에 의하여 주로 맺어졌기 때문이라고 볼 수 있다.

3. 지역운동과 사회관계

'세입자대책위원회' 활동이 본격화되면서 지역에서의 사회관계들이 변하기 시작했다. 강제철거가 시작되기 전까지 자조적인 성격이 강한 관계들을 유지하고 있는 수빈들은 자신들이 동원할 수 있는 자원에 따라 서로 다른 적응방식을 보여주었으며, 이 다른 방식은 지역관계에서 잠재되었던 갈등적 요소를 더욱 드러내는 작용을 했다.

철거가 시작되면서 가장 큰 변화는 이웃간의 관계에서 중심적인 역할을 하던 장기 거주자인 가옥주들, 특히 자영업자들이 중심이 되어 구성되어진 계들이 해체되었다는 점이다. 이는 세입자들이 철거에 대하여 반대의 입장을 취하면서 재개발에 의하여 얻을 수 있는 이득을 나누어야 한다는 주장이 이제까지 함께 살아온 가옥주들의 경제적 이해에 영향을 주었다는 인식 때문이다. 서로 다른 이해관계는 같은 집에 살면서도 서로 대화를 하지 않는 현상에서부터 서로 안면을 붉히며 싸우는 단계까지도 이르게 되었다. 그래서 일상생활용품에서부터 작은 돈까지 서로 빌려 주던 이웃관계가 단절되게 되었다. 더군다나 재개발이 일부의 주민에게는 재산증식의 절호의 기회로 활용되어 세입자들의 입주권이나 다른 가옥의 매매에 깊이 관여하고 있는 자영업자나 특히 부동산업자는 세입자들의 원망의 대상이 되어 버렸다. 이들에게서 대다수 주민들은 이전에 비록 고율의 이자를 지급하기는 하지만 급전을 손쉽게 얻었었다. 이들이 자신들과 다른 이해관계를 갖고 있다는 점은 재개발을 통하여 확인된 것이다. 약간의 자원을 지닌 이들이 이웃의 불행에 일말의 동정도 없이 도리어 이러한 상황을 자신들에게 유리하게 활용하고 있다는 점은 세입자 그 중에서도 지역내에서 내직을 하고 돈을 주선했던 주부들에게 뼈저린 배신감을 느끼게 했다. 이것이 구체적으로 부동산업자와 '재개발추진위원회'에 대한 공격에서 드러났다.

이러한 현상은 가옥주와 세입자간의 관계에서뿐 아니라 세입자, 전세입자 사이에도 정도의 차이는 있지만 나타났다. 세입자라고 하더라도 다른 지역으로 이사하는 데 충분한 돈이 있거나 지역에 관계없이 일거리를 얻을 수 있는 기술이 있는 가구들은 가능한 빨리 이사를 갔다. 이때 전세나 월세를 얻어 놓고 준비를 하는데 다른 세입자들의 처지에 심적으로는 이해하기 때문에 이사한다는 사실을 비밀로 하다가 이사하기도 했다. 더구나 매일 노동이나 행상으로 생계를 이어가는 가구에서는 정보를 얻을 길도 막연하고 연대적 시위를 할 만한 여유도 없는 경우가 많아 이사시기를 잡는 데 이웃 세입자들의 눈치를 살필 수밖에 없다. 여기서 이웃관계를 지배하던 상호 협력은 자리잡기가 힘들었다. 조사대상 가구 중 한 가구는 이사 날짜조차 비밀로 하고 도망가듯이 황급히 떠났고 아무에게도 이사가는 집도 가르쳐 주지 않았다. 이러한 현상은 재개발이 저소득층의 지역적 이동을 강요할 뿐 아니라 개발에 따른 적응이 개별화되어 있어 이 지역에 이제까지 기능을 발휘해 왔던 지역사회관계망을 해체하고 있음을 나타내는 것이다.

재개발추진은 실제 사회관계망뿐 아니라 지역에서 일감을 없애 버렸다. 이 지역에서 부인들에게 일감을 배분, 수거하던 업자들이 주로 가옥주였으며, 이들은 재개발이 빨리 진행되기 위하여 서둘렀기 때문에 일감들이 철거초기부터 현저히 줄어들었다. 일부 세입자들은 일거리가 없어지자 일거리가 많은 다른 저소득층 밀집거주지로 서둘러 이사하기도 했다. 따라서 일감을 중심으로 맺어지던 관계들이 단절되었다.

그러나 세입자들간에 철거반대운동이 본격적으로 진행됨에 따라 새로운 이웃관계가 맺어지기 시작했다. 뚜렷한 대안이 없는 상태에서 철거보상의 가능성이 연대투쟁에 의하여 얻어질 수 있다는 확신은 철거와 연관된 몇 건의 단체항의라는 실력행사를 통하여 강화되었다. 세입자대책위원회가 구성되면서부터 주위 세입자들을 설득하는 모임이 골목마다 부인들에 의하여 이루어졌다. 세입자운동에 적극적인 주부는 자신이 들은 정보를 다른 지역에 가 전하고 연대와 행동의 중요성을 강조하면서 그 중 적극적으로 나서는 부인은 그 지역의 책임자가 되는 식으로 '세입자대책위원회'가 확대되었다. 한 부인은 이러한 모임에서 초청된 한 통책이 "언제까지나 가난하게 살 수 없다"고 하면서 세입자들이 단결해서 행동해야 한다는 말을 듣고 가슴이 뭉클해지는 감동을 받았다고 했다. 여기서 세입자 부인들은 '형제'같이 친해졌다고 한다.

주위 세입자들을 설득하는 모임들은 골목마다 이루어졌으며 여기서 비록 중심적인 조직은 없어졌지만 계나 부업을 같이했던 부인들이 서로 의견을 나누면서 세입자대책위원회 활동의 주축이 되어 갔다. 더구나 많은 이주로 인하여 부업거리가 없어진 부인들은 늘어난 시간적 여유를 세입자들간의 접촉에 할애했다. 때로는 지역밖의 일자리까지 포기하면서 집단행동에 언제라도 참가할 수 있도록 대기하게 되었다. 남성들은 '세입자대책위원회'가 본격적으로 움직이기 시작하면서 가구주라는 입장에서 운동의 흐름에 영향력을 행사하기 시작했다. 가옥과 연관된 일이기 때문에 가구의 대표인 남성 가옥주가 정식 회원일 수밖에 없고, 주부들의 저항이 벽에 부딪칠 때마다 여성 중심의 '세입자대책위원회' 활동이 그 합법성에 대한 도전을 받기 때문이다.

이러한 측면은 '세입자대책위원회'가 외부와 접촉을 하는 단계에서 특히 두드러졌다. 예를 들어 구청과 각 정당에 가서 농성을 전개할 때 관계당국과 교섭하는 대상은 모두 남성이었다. 초기부터 참가하는 남성의 수는 적었지만 세입자대책위원회 활동이 증대됨에 따라 그 회원의 수가 늘어났다. '세입자대책위원회'의 공식적 직책인 임원진에는 초기부터 남성이 대다수를 차지했다. 그러나 철거반대 대중시위, 주민총회 등에 참가하는 수는 아주 적었다. 어느 정도 세입자대책위원회가 정착되어 사무실을 열고 회비가 정기적으로 모이게 되면서 남성들 특히 임원진들은 세입자대책위원회 활동의 주도권을 잡으려고 표면적으로 나섰다.

그러나 세입자대책위원회의 활동이 얼마나 사람들을 동원할 수 있느냐에 달려 있기 때문에 여성들을 무시하고는 재개발추진위원회가 이끌어질 수가 없었다. 그래서 이러한 남성 중심의 임원진과 여성 주민들을 연계시키는 역할을 담당하는 사람으로 이제까지 여성과 함께 일해 온 남성 총무의 권한을 인정하는 수준에서 여성의 활동을 인정하게 되었다. 따라서 세입자대책위원회를 실제적으로 부상시키는 데 중추적인 역할을 해온 여성들, 특히 통책들의 역할은 공식적으로 인정되거보다는 남성 총무와의 관계 속에서 대중동원이라는 측면에서만 그 중요성이 받아들여졌다. 남자 총무는 "아주머니들이 이렇게 잘 싸울 수 있는 것은 다 남자들이 뒤에서 받쳐주기 때문이다. 남자들이 지시하면 열심히 싸워 주기만 하면 된다"는 말을 공공연히 하면서 여성들을 이끌어 왔다. 남성 총무 자신은 임원진으로부터의 인정은 공식적인 역할부여이기 때문에 별다른 저항 없이 여성 총책들의 역할격하를 받아들인 것으로 보인다.

그러면 여성이 시작하는 계기를 만들었고 실제적인 실력행사인 농성, 시위에도 남성에 비하여 더 많이 참가했음에도 불구하고 그들의 역할이 공식적으로 인정되지 못하는 이유는 무엇일까?

첫째, 모든 공적인 영역에서의 대표성이 남성이라는 가부장적 이데올로기를 여성 스스로도 별 저항감 없이 받아들이기 때문이다. '세입자대책위원회' 회원도 대부분 여성들이 자신들의 남편의 이름으로 들었다. 여성들은 이러한 참여를 가족의 생계를 꾸려가기 위하여 앞장설 수밖에 없다는 위기적 상황 속에서의 투쟁이었다. 따라서 운동의 주체로서 그 방향이나 결과에 대한 인식을 거의 찾아보기가 힘들었다. 집안을 위하여 남편이 다치지 않게 자신이 나설 수밖에 없다는 입장에 선 여성들이기 때문에 항의와 농성을 한 후 협상은 남성들에게 맡겨 버릴 수 있는 것이다. 농성 도중에도 집안일을 하기 위하여 빠져 나가는 부인들이 많은 예에서도 이들 여성의 저항이 가족내의 여성일과 얼마나 긴밀하게 연결되어 있는가를 알 수 있다.

둘째, 여성들이 주로 나서서 하는 일에 대한 평가가 다른 여성의 일과 마찬가지로 가사일의 연장으로밖에 인식되지 못했다. 그렇기 때문에 '세입자대책위원회' 집행부에서도 남성 가구주들을 참여시켜 정당성을 높이려는 시도를 했으며, 남성들만의 모임을 개최하여 거기에서는 회비의 사용내역 등 상세한 보고를 했다. 주목되는 점은 이 모임을 여성들이 '어른들의 모임'이라고 지칭했다는 사실이다. 그러한 의미에서 적극적으로 여성이 몸싸움을 한 것을 여성들이 설친 것이라는 지적을 남성들이 공공연히 할 수 있었던 것이다.

셋째, 여성들의 조직력이 대중동원과 통반 모임에서의 의견교환 수준을 능가하지 못했다는 점이다. 물론 여성조직의 유형이 일반적인 조직의 특성과는 다른 성격을 지녔다는 점은 여러 학자들에게서 지적되고 있지만 (Rosaldo, 1974; Rubin, 1975), 철거반대로부터 시작된 운동 전체의 의견을 수렴하여 여성들의 이해관계를 반영시키고자 하는 노력이 부족했기 때문에 영향력도 적었고 남성에 의하여 주도된 것이라 볼 수 있다. 이러한 측면은 적극적으로 참여하는 부인인 경우에도 집안일을 하면서 운동에 참여하였으며 남편이나 집안 식구들의 반대가 없는 경우에만 활동이 가능했다는 면에서 볼 수 있다. 이러한 여성의 가사일과 운동을 병행하는 데서 나오는 문제는 아무도 중요하게 간주하지 않았다. 도리어 운동의 실무를 담당했던 여성총책들은 위계적인 태도로 주위 여성들에게 군림하려고 하여 지역여성들의 비난을 받았던 것은 바로 이러한 여성참여의 장점과 한계를 높이 인식하지 못한 상태에서 운동이 전개된 탓이라고 볼 수 있다.

'세입자대책위원회'의 해체기에 그때까지 세입자대책위원회를 이끌고 왔던 집행부에 대한 문제여성들이 집중적으로 비판받았을 때 가장 핵심적인 것이었던 '여자들의 치마 바람'이 지나치게 컸다는 지적은 이를 반영시킨 것이다. 따라서 처음부터 '세입자대책위원회'를 이끌어 왔던 집행부가 해체된 후 새로 편성된 집행부는 명실상부한 남성중심체제를 갖추게 되었다. 이때 일부 선출된 여성임원은 남성임원의 가족이었으며 이들은 지역 단위의 활동보다는 홍보만을 담당했다. 이러한 조직은 결과적으로 내부 알력만을 가중시켜 그 후 과반수가 넘는 가구가 이주해 버렸다. 마지막으로 철거가 된 후 천막을 치고 남은 40여 가구는 더 큰 요구조건을 내세우지 못하고 지역에서 철거반과 싸우다 이주했다. 가장 조직력이 약해진 마지막 단계에서도 남성들은 일선에서 모두 후퇴해 버리고 여성이 대표로서 활약했다. 결과적으로 보면 '세입자대책위원회' 활동의 성과물은 초기부터 참가했던 세입자 가구들에게 개별적으로 분배되었고 이러한 과정에서 제외된 가구만이 또 다시 여성을 중심으로 투쟁을 계속하고 있었던 것이다.

IX

도시빈민의 생활양식과 도시공간

서울의 전형적인 무허가정착지였으며 합동재개발방식에 따른 철거이주로 이제는 존재하지 않게 된 사당동 재개발지역과 지역주민에 대한 현장연구는 한국사회에서 빈곤이란 무엇인가, 그리고 도시빈민은 누구인가 하는 진부한 질문을 다시 한번 제기하게 했으며 재개발로 상징된 도시공간의 재구조화와 도시빈민이 맺고 있는 구조적 본질과 특성에 주목하게 했다. 이는 한편으로 '판자촌' 또는 저소득층 밀집주거지가 특정 생활양식으로 특징지어지는 분리된 지역사회가 아니며 그 사회의 도시경제 및 국가 정치구조 속에서 이해되어져야 하는 지역사회라는 점을 보다 분명하게 일깨워 주었으며 또 다른 한편으로 이들의 일상생활이 도시공간을 매개로 이러한 구조에 의해 얼마나 규정되고 있는가를 인식하게 해주었다.

사당지역에서 발견한 빈곤의 가장 구체적인 모습은 자원의 결핍에 따른 빈곤의 대물림과 좁은 집, 좁은 방이었다. 주거상황에 대한 기술에서 잘 나타나듯이 2평도 못되는 방에서 4~5명의 식구가 함께 생활해야 하는 공간의 협소성, 방값을 줄이기 위해 또는 방값을 내지 못해 자주 이주해야 하는 주거의 불안정성은 가난한 삶의 핵심적 부문이었다. 이들의 일상생활은 이러한 공간이 주는 제약에서 벗어날 수 없었다. 이렇게 좁은 공간이나마 확보하는 것에 이들의 생존이 걸려 있다는 표현은 큰 과장이 아니다. 도시 무허가정착지의 고용구조에 대한 선행연구나 비공식부문 노동자들에 대한 연구들이 빈곤층이 처한 도시 고용구조상의 불리한 위치를 보여줌으로써 빈곤이 지속될 수밖에 없음을 시사했다면, 빈곤층 주거지의 성격 및 이러한 주거지의 재개발에 초점을 맞춘 이 연구는 도시공간의 구조와 재편성이 도시빈곤층 재생산의 또 다른 기제라는 해석과 설명이 가능함을 보여주었다.

여기서 우리는 재개발의 구조적 특성에 특별한 관심을 가졌다. 이 지역사회는 형성자체가 1960년대 도시의 재개발에 따른 철거이주민의 정착에 따른 것이며 해체 또한 중산층 아파트 건설을 위한 철거재개발에 따른 것이다. 이 지역의 형성과 해체 배경에는 이농민의 유입에 따른 서울시의 팽창과 이에 따른 사당지역 주변의 급속한 지가상승이 있다. 이 지역의 형성은 국공유지 즉 서울시 시유지에서 시작되었으며 해체는 이러한 국공유지의 불하로 마감되고 있다. 즉 토지의 비자본주의적 이용방식에서 자본주의적 이용방식으로의 전환이다. 철저하게 시장논리에 따라 추진된 이 지역의 재개발사업은 세입자는 더 비싸거나 더 나쁜 주거지의 세입자로, 가옥주들도 많은 수를 더 나쁜 주거지로 이주시키거나 세입자로 떨어뜨렸다.

재개발 전 사당동의 물리적 환경은 물론 일반 사유지 주택지와는 확연히 구분되는 제3세계의 판자촌에서 발견되는 모든 빈곤의 징표를 보여주었다. 부적합한 하수도나 위생시설, 보행이 불편한 좁은 골목, 불충분한 수도시설, 붕괴위험이 도사린 축대, 비 새는 지붕과 냄새 나는 방 등등. 그러나 이러한 열악한 환경에도 불구하고 주민들은 이 지역을 가난한 사람들이 '끼리끼리' 몰려 사는 편안한 장소로 인식했으며 여기를 떠나 일반 중산층 주택가 지하실로 이사한 사람들은 '문 꼭꼭 쳐 잠그고 사는 동네'에 못 견디어 했다. 즉 이 지역의 물리적 주거환경은 매우 열악한 불량주거지이지만 주거비가 저렴한 지역으로서 일정한 기능을 수행해 왔다. 고용이 불안정하고 소득이 낮은 많은 사람들이 여기 거주함으로써 자가를 소유해 볼 수 있었고, 주거비를 줄일 수 있어 생계유지에 도움을 얻기도 했으며 이 지역을 기반으로 일자리를 해결하기도 했다. 그리고 가난한 사람들끼리 모여 사는 데서 오는 정신적, 심리적 안정감을 얻기도 했다. 이러한 값싼 주거지의 상실은 경제적 불이익 외에 그들의 사회관계망에도 상당한 타격을 주고 있다. 기존의 빈민지역 또는 불량촌 연구들에서 지적되었듯이 사당동 또한 단순히 서울의 저소득층이 주거를 해결하고 있는 곳만은 아니었으며 지역주민은 이곳에서 그들이 처한 사회 경제적 취약성을 극복하는 데 도움이 되는 생활양식과 자조 체계를 발전시키고 있었다. 이는 단순히 이농민들이 이웃과 친족 중심으로 살아온 그들의 농촌적 생활방식을 그대로 옮겨 온 '도시내의 촌사람들'의 생활방식으로만 설명될 수 없는 생존전략적 체계이다. 이는 '빈곤'이라는 그들의 공통분모에 근거한 독특한 사회적 관계로서 기존의 연구들이 밝힌 '도시내의 촌락'적 성격으로 해석하기에는 너무나 실리적이고 생계전략적 성격이 강한 상호의존적 관계였다. 물론 이들의 이웃관계에 기반한 자조 체계가 지속적이고 건실하다기보다는 매우 허약하고 타산적인 면이 많다. 그러나 이웃은 이들에게 생존전략의 자원이다. "이웃이 친척보다 낫다"는 말은 여기에서는 흔히 듣는 말이다. 특히 이해관계가 같을 때는 빠른 결속력을 보이며, 같은 조건의 이웃과는 언제라도 아주 쉽게 자조 체계를 만들고 있다. 이들에게 있어 생활정도의 차이가 많이 나고 생계에서 도움을 주고 받을 필요가 없는 이웃은 별로 의미가 없다. 그렇기 때문에 또한 조그마한 이해관계의 차이에 따라 갈등을 일으키기도 한다.

정의적이고 비공식적 사회관계를 주축으로 한 이러한 생활방식은 그들의 불안정한 고용, 제한된 자원, 그리고 칼잠을 자야 하는 좁은 방과 옆 방 소리가 다 들리는 생활공간과 맞물려 있었다. 이들은 이러한 조건에 적응하는 그들 나름의 삶의 방식이 있었다. 그것은 방 하나에서 온 식구가 잠자고 그래서 아이들은 비교적 일찍 집을 떠나고 있었으며 오르는 방값을 준비하기 위해 출혈적인 저축을 하고 결혼할 비용이 없어 사실혼이 많으며 일자리를 얻기 위해 이웃에 기대는 생활방식이었다. 이것은 분명 빈곤을 재생산하는 '빈곤문화'로 일컬어질 생활양식은 아니다. 이들의 손바닥만한 마당에는 언제나 깨끗한 빨래가 널려 있고, 골목에서 뛰노는 어린이들의 옷은 깨끗하고 표정은 어둡지 않으며, 학령아들은 대개 학교에 다녔다. 아침 일찍부터 좁은 골목길은 일나가는 사람들로 붐볐고 저녁 늦게까지 부인들은 집안에서 부업거리를 놓지 않았다. 이들의 생활은 오스카 루이스가 이른바 "빈곤문화"의 특징으로 꼽았던 "정치에 무관심하고 계급의식이 없으며 국가에 대한 정체감도 약한, 그리고 소외되고 무감각하며 무지하고 무관심한 그러한 태도나 지향"(1966:9)과도 거리가 멀었다. 우리가 이 지역에 처음 들어섰을 때 이 지역이 도시 저소득층 밀집주거지라는 사실을 확인시켜준 것은 다닥다닥 붙은 가옥과 골목길이었을 뿐 주민들의 표정과 골목에 뛰어다니는 아이들의 모습은 아니었다. 그뿐 아니라 비좁은 골목 담 밑의 좋은 빈 공간에는 화초나 채소가 심어져 있었다. 그래서 가난이란 그렇게 절망적인 것은 아니라는 생각마저 들게 했다. 그러나 이러한 모습은 재개발과정에서 힘없이 무너졌고 이들은 강제철거 앞에서 집 없고 돈 없는 사람의 절망적인 모습을 그대로 보여주었다.

본연구의 결과는 다른 선행연구에 비해 지역주민의 빈곤의 지속성을 매우 구체적으로 표출시켜 준다. 빈곤의 지속성은 특히 심층연구대상 가구의 생활사와 청소년들의 학업성적 및 직업에서 가장 분명하게 보여준다. 이 지역 부모세대의 교육열은 자녀세대의 진학률에서 본다면 결코 낮지 않지만 교육환경이나 자녀교육에 대한 실질적인 관심은 그렇게 높지 않다. 이는 높은 교육열이나 자녀에 대한 부모의 높은 열망수준을 강조한 선행연구들과 차이가 나는 관찰로서 이러한 지역의 주민성격이 변화한 것인지, 방법론의 차이인지, 또는 이 지역만의 특성인지에 대해 앞으로 보다 세밀한 관찰과 분석이 필요한 부분이다. 자녀세대의 직업과 관련해서 특기할 만한 현상은 이들 대부분이 부모세대와 비슷한 불안정 고용상태에 있다는 사실이다. 이들의 학력은 부모세대에 비해 훨씬 높지만, 이들의 고용상태나 고용의 성격은 부모세대를 그대로 답습 내지는 전승하고 있다. 이 점은 이번 연구에서 매우 주목할 만한 현상으로 더욱 관심을 가져야 할 영역이다. 이들의 진학률은 높은 편이지만 대부분 학업성적은 좋지 않으며 인문계 고등학교 진학률이나 대학 진학률이 낮아 교육을 통한 상향이동의 가능성은 높지 않다. 이는 이 지역 자녀세대들에서 공통적으로 관찰되는 현상이다. 아이들이 고학년으로 갈수록 학업성적이 떨어지거나 가출현상이 많다. 이들에게서 청소년의 가출이 많은 것은 단칸방을 쓰는 이들 가족의 생활상과 무관하지 않다. 이는 주목할 만한 현상으로서 빈곤층 재생산의 구체적 기제를 보여주는 측면으로 해석할 수 있을 것이다.

주민들 스스로는 빈곤이 지속되는 이유로서 건강이 나쁘거나 장사에서 실패를 하여 가난을 벗어날 수 있는 여러 번의 기회를 놓쳤다는 개인적인 이유로 나름대로 합리화한다. 그러나 엄밀한 의미에서 이들이 종사하고 있는 직업 자체가 갖고 있는 높은 노동강도 및 생활상태나 소비수준으로 볼 때 질병에 걸리기가 쉽고 의료보험 등 노동력 재생산에 대한 지원 체계가 빈약하고 믿을 데라고는 '맨 몸'밖에 없는 이들이 병에 걸리면 빚더미에 빠지게 되는 것은 너무도 당연하다. 자본금이 제한된 상태에서 장사에 자주 실패하는 것 또한 일반적일 수밖에 없다. 사업실패의 원인도 따져 보면 사실은 제한된 자본 때문인 경우가 많았다. 즉 과일가게를 하는데 자기는 시장에서 궤짝떼기를 했고 상대편은 밭떼기를 해서 경쟁이 안되어 망했다든지 저소득층을 상대로 한 가게에서 외상이 많고 운영자금이 부족해 망했다든지 하는 사례가 이러한 측면을 잘 보여주고 있다. 가게 등 자영업의 시작은 자녀교육과 함께 이들이 빈번하게 언급하는 미래의 희망이다. 그러나 현실적으로 그러한 희망을 실현시킬 수 있는 구체적 기회는 극히 제한되어 있고 그들 스스로도 그러한 희망을 구체화할 수 있는 계획을 가지고 있지 않다. 일종의 소망 비슷한 희망을 보이지만 아이들의 교육여건은 너무 나쁘며 장사를 시작할 밑천을 마련할 구체적 방도도 없다. 이들의 고용과 수입으로는 일년마다 오르는 방 보증금을 마련하기도 힘들다. 앞에서 서술했듯이 지역주민들의 고용상태와 빈곤상황은 선행연구들이 밝혔던 것보다 더욱 불안정하고 열악했다. 몇몇 가구들은 수치상으로 상당한 소득이 있는 것처럼 보이지만 실제로는 이러한 소득은 일년 중 몇 개월에 불과한 경우가 많았고 어떤 가구는 자녀세대의 경제활동 참여에 의한 일시적인 현상으로서 이러한 고소득 기간은 오래가지 않았다. 이 지역주민이 주거비가 저렴한 이 지역을 쉽게 떠날 수 없었던 것은 경제적인 열악함에서 오는 자원의 한계, 그리고 그들의 고용의 성격상 지역내의 이웃관계에 기반한 사회적 연결망에 대한 의존도가 높고 이 지역 자체 및 인접지역에 생활기반을 가지고 있었기 때문이다. 그 동안 이들이 서울과 같이 생계비가 비싼 대도시에서 생계해결이 가능했던 것은 사당동 같은 값싸고 도시내 촌락적 성격을 지닌 주거지가 있었기 때문이다. 이러한 주거지의 부재는 도시빈민으로 하여금 빈곤의 세습을 더욱 불가피하게 할 수 있다. 빈곤의 세대전승이라는 구조가 더 확고해질 때 비교적 낙관적으로 보이는 이들의 문화가 질적으로 변할 가능성도 높다. 이들의 주거문제가 시장논리에 의존하는 한 해결이 불가능하며 빈민층의 재생산 역시 불가피하다는 사실 또한 자명하다. 이러한 도시빈민층은 더 이상 희망이 있는 빈민이 아니다.

이제까지 한국 도시빈민들에게서는 외국의 도시빈민연구에서 보고된 것 같은 사회체제에 대한 적대감이나 불신감은 크게 두드러지지 않는 것으로 흔히 지적되었다(임희섭, 1979). 따라서 한국에서의 빈곤이 안고 있는 문제의 심각성이 크지 않은 것으로 보는 경향이 있다. 그러나 이러한 특징은 우리나라의 도시화 특히 공업화에 따른 급격한 사회구조의 변화와 관련시켜 논의해야 한다. 즉 이들은 그 동안 농촌에서 도시로 그리고 도시 여러 지역을 이사다니는 동안 항상 좀더 나은 생활을 할 수 있는 가능성을 완전히 포기하지 않았다. 당대가 아니면 다음 세대에 희망을 걸었다. 한 지역에서 다른 지역으로 또는 한 일자리에서 다른 일자리로 자리를 옮기면서 그리고 그렇게 해서 성공한 사례들을 지켜보면서 적응해 온 것이 보편적인 모습이다. 현실적으로 존재하는 열악한 환경조건들, 지저분함은 현재의 가난의 표현이지만 언젠가는 그리고 다음 세대에는 벗어날 수 있는 것으로 간주된다. 실제로 어느 정도 빈곤에서의 탈피도 가능했고 집을 소유하는 것도 절대불가한 희망사항이 아니었다. 재개발 이전 집값이 비싸지 않을 때, 싼 주거지가 있을 때 이는 가능했으나 재개발과정에서 이들은 거의 자가소유의 꿈을 버리기 시작했고 이 지역에서 그냥 쫓겨나면 평생 "세입자 딱지를 이마에 붙이고 살아야 한다"는 사실에 눈뜨기 시작했다. 재개발에 따른 강제철거가 있기 전까지는 언제나 개인적으로 문제의 해결책을 찾았으며 자신들의 문제를 공동으로 해결하려는 시도는 전혀 보이지 않는다. 그러나 이번 사당동의 재개발 추진과정에서 이들은 이 거주지가 더 나은 거주지 장만의 중간 정류장이 아닐 뿐 아니라 이

거주지만한 거주지조차 다른 데서 확보한다는 것이 힘들다는 사실에 부닥치면서 단체행동을 시작했다. 이런 점에서 재개발은 이들에게 계급의식을 키워준 하나의 사건인 셈이다. 이들은 거의 철거 마지막 단계에서야 개발이익이 외지인, 부동산업자, 그리고 건설업자가 얻도록 구조화되어 있으며 국가 또한 그들편이라는 사실을 인식하게 되었고 필연적으로 그들 집단의 고립성 내지 주변성을 재확인하게 되었다. 그리고 재개발사업 추진 마지막 단계에서 일어난 몇 차례의 강제철거에서 이들의 주변성에 대한 확인은 적대감으로 표출되었다. 그러나 이러한 적대감이 조직화되어 항구적인 해결책을 찾기보다는 공권력과 약간의 금전적 이해에 쉽게 와해되었다. 이들이 공권력과 약간의 금전적 이해에 쉽게 와해된 것은 빈곤층의 정치적 소외나 무감각보다는 취약한 물적기반과 관계된다.

사당동연구를 마무리하면서 우리의 결론을 대신할 여러 사례가 모습을 드러낸다. 그 중에서 앞장에서 잠깐 언급했던 G씨 가구의 어느 날을 다시 한번 언급해 보자.

> G씨의 국민학교 2학년짜리 아들은 책상에서 숙제하는 것이 소원이지만 G씨의 방은 2평도 안되기 때문에 책상이 차지할 수 있는 공간이 없다. 이 아이는 야구선수가 되는 것이 꿈이어서 건설일용노동자인 아버지가 일이 없는 날 아버지와 1만 원을 내고 한번 야구구경을 다녀왔는데 어머니로부터 "나 잡아먹어라"라는 꾸중을 들었다. 그날 G씨 부인은 파출부 일도 없어서 집에서 브래지어에 붙이는 꽃 하나씩 오리는 데 1원 20전씩 받는 부업을 하루 종일 한 날이었다. 1시간에 200개를 해도 240원의 벌이밖에 안되므로 하루 종일 그 일을 하고 나서 야구구경을 다녀온 남편과 아들을 보면서 하는 한탄이었다.

우리는 여기서 "나 잡아 먹어라" 하는 어머니의 거친 말투, 부인이 하루 10시간을 일해도 2,400원밖에 못 버는 부업거리를 하고 있는 것을 알면서 아들과 1만 원을 내고 야구구경을 한 G씨의 무계획성이나 무책임성을 빈민층의 전형적인 생활양식이라고 이야기하려는 것은 아니다. 35세인 G씨는 이 지역에서는 학력이 높은 고졸 출신으로 공장노동자의 경험이 있으며 장사도 해봤지만 실패하고 조사 시작 당시 일용건설노동자로 일하다가 못 배운 사람들보다는 계산능력이 있어 작은 공사도 맡아 하는 '십장' 생활을 하고 있었다. 그러나 십장하면서 빚만 더 생겨 생활은 파출부와 가내부업을 하는 부인에 의존하고 있었고 때로는 부인이 파출부해서 번 돈으로 G씨의 빚 이자를 갚아야 했다. G씨는 아들이 공부보다는 야구선수가 되는 것이 가장 빨리 잘살게 되는 일일 것 같아 국민학교부터 야구를 시킬 생각으로 동네에서 좀 떨어진 야구부가 있는 국민학교에 보내 놓고 있었다. G씨는 사당동 철거이주과정에서 부동산 소개소에 취직하여 상당한 돈도 벌고 세입자 분양권도 비싸게 팔아 전세방을 마련한 경우로 방 두 칸을 얻어 아이에게 책상이 있는 방도 마련해 주었다. 그러나 G씨는 철거가 끝난 후 부동산 소개소에서 해고되었고 부동산 소개소에서 일해 본 뒤로는 건설 십장 노릇 같은 것도 할 생각이 없어져 놀고 지내면서 노름을 하게 되어 2,000만 원의 빚을 지게 되었다. 생계는 다시 G씨 부인의 파출부일로 꾸려 나가고 전세보증금을 빼내어 빚을 갚고 방 한 칸 월세가 되는 것은 시간 문제다.

현재 한국사회에서 도시공간은 극히 자본주의적 논리에 의하여 재구조화되고 있고 이 구조 속에서 사당지역과 같은 불량주거지의 재개발사업이 추진된 것이다. 우리가 만난 사당 주민들이 서울이라는 대도시에서 생존이 가능했던 것은 비교적 저렴한 비용으로 주거를 해결하고 일거리를 얻을 수 있는 공간을 마련할 수 있었다는 점 때문이며 이는 아무리 강조해도 지나치지 않다. 그러나 이들 도시빈민들이 사당이라는 지역을 차지할 수 있었던 것은 그 지역이 시유지로서 상품성이 없었던 때일 뿐이다. 일반 주택지로 상품가치를 가지게 되면서 이들은 재개발이라는 이름하에 주거지에서 밀려났고, 자신의 경제력에 합당한 그리고 비슷한 이웃과 유대감을 형성할 수 있는 좁은 공간을 상실했다. 대다수가 거의 강제적으로 이주해야 되었고 대신 그들에게 남겨진 것은 가옥주에게는 아파트 분양권, 세입자에게는 아파트의 방 한 칸 입주할 수 있는 딱지를 경제력을 가진 중산층에 팔면서 잠깐 손에 목돈을 만지는 것이었다. 그러나 이러한 거래도 시기에 따라 시세의 부침이 심해 혜택의 구체적인 모습은 다양하다. 끝까지 남아서 분양권을 상당한 액수를 받고 판 몇몇 세입자 사례 가구들이 일순간 부자가 된 듯한 착각에 빠졌지만 실제로 이 액수는 그들이 사당동에서 살았던 방보다 조금 더 넓고 주변환경이 조금 더 깨끗한 사유지 주택가의 반지하실방의 전세보증금에 지나지 않았고 1,2년이 지나면 곧 월세보증금에 지나지 않을 액수일 수도 있다. 그들이 상실한 지역사회를 보상해 줄 다른 대책은 없으며 그들의 생활조건도 나아진 것이 거의 없다. 즉 재개발은 이제까지 서울이라는 자본주의적 대도시에서 생존을 가능하게 한 사회관계와 지역사회를 파괴시킨 대신 그들에게 약간의 현금을 주어 지가가 오른 '불량한' 공간에서 몰아내는 역할을 담당한 셈이다. 이렇게 해서 자본주의적 도시공간에 편입되어 가는 도시빈민의 생활양식이 앞으로 어떠한 모습을 보일 것인가는 새로운 연구과제이다.

자본주의적 공간활용에서 뒤쳐진 도시빈민들의 삶이 우리의 특별한 관심을 끄는 이유는 기존의 도시연구에서 지적되어 왔던 '빈곤문화'를 지니지 않은 도시빈민들 사이에 빈곤의 세습이 구조화되기 시작했음을 보여주는 여러 사회현상들 때문이다. 이러한 구조화가 현재와 같은 재개발정책으로 인하여 더 가속화될 가능성은 너무나 명백하다. 그렇지 않아도 겨우 생활의 균형을 유지하기 위하여 안간 힘을 발휘해야 하는 도시빈민들에게 자본의 논리에 따라 스스로의 힘으로 도시내에서 자신들에게 '합당한' 공간을 찾아야 한다고 요구하는 것은 그들의 취약한 기반을 더욱 악화시키고 그나마의 생활의 단순재생산조차 힘들게 하는 것이다. 우리사회가 최저 주거공간마저 개인적 차원에서 상품화를 통해 해결하려는 것은 자본주의의 모순을 증폭시키는 결과를 초래하는 것이다. 최소한 도시저소득층과 빈민의 주거문제가 도시공간의 일정 부분에 대한 탈상품화를 통해서만이 해결이 가능하다는 것을 이 연구는 명확하게 보여준다. 이 연구는 서울의 사당동 재개발지역에 한정된 한 사례연구지만 이 사례는 그 동안 한국사회에서 일어난 '과잉도시화'와 이러한 과잉도시화에 따른 주택문제, 빈민문제 그리고 이에 대한 정책적 대응을 축소해 보여주고 있으며, 한 사회의 자본축적의 기제를 '재개발'이라는 도시공간의 소유와 구조의 재편을 통해 적나라하게 표출한 사례이기도 하다.

참 고 문 헌

국토개발연구원

1983, 「도시재개발사업의 평가 및 분석 연구」.

사당 2동 세입자 대책위원회 · 서울지역 총학생회 연합

1988, 「사당 2동 투쟁보고서」.

서울특별시

1973, 「기존 정착지 현황」.

1984, 「합동재개발 세부시행 지침」.

1986,1987,1990, 「서울시 시정」.

1986, 「주요행정통계」, 4호.

천주교 서울대교구 도시빈민사목위원회

1986, 「불량촌 재개발 정책, 이대로 좋은가」.

고민석

1987, 「한국자본주의와 도시빈민운동」, 『현단계』, 제 1 집, 한울.

김록호

1985, 「도시무허가 정착지의 일차보건 의료사업 모형개발을 위한 조사연구」, 서울대학교 보건대학원 석사논문.

김우진

1985, 「불량주택재개발 주민의 재정착 특성에 관한 연구」, 서울대학교 석사논문.

김영석

1985, 『도시빈민론』, 아침.

김은실

1984, 「한국 도시빈곤의 성격에 관한 연구」, 『인류학 논집』, 제 7 집, 서울대학교 인류학과.

김태동 · 이근식 공저

1990, 『땅 투기의 대상인가 삶의 터전인가』, 비봉출판사.

김형국 편저

1989, 『불량촌과 재개발』, 나남.

박계영

1983, 「무허가 정착지 주민의 경제행위에 관한 일 고찰」, 『인류학 논집』, 제 6 집, 서울대학교 인류학과.

백욱인

1987, 「빈민론과 도시사회운동」, 『산업사회연구』, 제 2 집.

1989, 「노동자계급 상태연구방법론 시론」, 『경제와 사회』, 제 3 호.

변용진

1985, 「서울시 불량무허가 주택 재개발사업방식의 사회경제적 평가」, 서울대학교 환경대학원 석사논문.

윤일성

1987, 「서울시 도심재개발에 대한 정치경제학적 분석」, 서울대학교 석사논문.

이득연

1985, 「도시개발지역 철거민 운동의 전개 양상」, 연세대학교 석사논문.

임회섭

1979, 「한국에 있어서의 빈곤문제」, 『한국사회개발 연구1』, 고대아세아문제 연구소.

장세훈

1987, 「도시 무허가 정착지 철거정비정책에 관한 일 연구」, 서울대학교 석사논문.

정건화

1987, 「한국 도시빈민의 형성과 존재형태」, 『한국사회연구5』, 한길사.

정동익

1985, 『도시빈민연구』, 아침.

정자환

1982, 「서울 사당 2동 지역의 도시화 과정」, 『논문집』, 제 13 집, 성심여자대학교.

1984, 「한국사회 연구에 있어서 제3세계적 접근의 가능성」, 『논문집』, 제 16 집, 성심여자대학교.

조옥라

1988, 「도시빈민의 사회경제적 특징과 지역운동」, 『불량촌과 재개발』, 나남.

1990, 「여성인류학적 시각에서 본 도시빈민 지역운동」, 『한국문화인류학』, 제 22 집.

조 은

1990, 「도시빈민 가족의 생계전략과 여성」, 『한국가족론』, 까치.

1990, 「공간, 계급, 여성」, 『사회비평』, 제 4 호.

조 은·조옥라

1987, 『도시 무허가 정착지의 성격과 생활실태』, 서울대학교 인구 및 발전문제 연구소.

1988, 『재개발사업이 지역주민에 미친 영향』, 서울대학교 인구 및 발전문제 연구소.

조성윤·이준식 편역

1986, 『도시지역운동연구』, 세계.

조혜란

1990, 「도시 재개발지역내 일상생활과 주민운동에서의 여성과 남성」, 이화여자대학교 대학원 여성학과 석사 논문.

진철훈

1990, 「주택개량 재개발사업의 현황 및 정책개선 방향」, Presented at the Regional Seminar on Issues and Politics for Low-Income Shelter and Settlements.

최병두

1991, 「한국 공간환경연구의 현황과 과제」, 『공간과 사회 1』, 풀빛.

한상진

1988, 「도시빈민의 주택문제에 관한 일 연구」, 서울대학교 사회학과 석사논문.

허석렬

1983, 「도시 무허가 정착지의 고용구조」, 『한국사회연구』, 제 1 집, 한길사.

홍경선

1989, 「도시 재개발과 세입자운동에 관한 연구—서울시 사당 2동 사례연구」, 동국대학교 사회학과 석사논문.

홍승직 외

1979, 『한국사회개발연구 I』, 고대아세아문제 연구소.

황익주

1986, 「한국건설업의 고용구조」, 『한국사회연구』, 제 4 집, 한길사.

황일주

1986, 「한국건설업의 고용구조」, 『한국사회연구』, 제 4 집, 한길사.

Armstrong, Warwick and T. G. McGee

1985, *Theatres of Accumulation,* London: Methuen

Angotti, Thomas

1987, "Urbanization in Latin America," *Latin America Perspectives.*

Ball, M.

1983, *Housing Policy and Economic Power,* London and N.Y.: Methuen.

Breese, Geraldm

1966, *Urbanization in Newly Developing Countries,* Englewood Cliffs, N. J.: Prentice-Hall.

Bromley, R. (ed.)

1979, *The Urban Informal Sector,* N. Y.: Pergamon Press.

Bromley, R. and C. Gerry (eds.)

1979, *Casual Work and Poverty in Third World Cities,* London: John Wiley & Sons.

Castells, M.

1976, "Is There an Urban Sociology?" in Pickvance (ed.), *Urban Sociology.*

1977, *The Urban Question*, London: Edward Arnold.

1978, *City, Class and Power,* London: Macmillan.

Eckstein, Susan

1990, "Urbanization Revisted: Inner-City Slum of Hope and Squatter Settlement of Despair", *World Development,* Vol. 18, No. 2.

Engels, F.

1970, *The Housing Question,* Moscow: Progress.

Fainstein, N. I. and S. S. Fainstein (eds.)

1968, *Urban Planning and Social Policy,* N.Y.: Basic Book.

Gans, Herber

1962, *The Urban Villagers,* N.Y.: The Free Press.

Gilbert, Alan and Joseph Gugler

1984 (1981), *Cities, Poverty and Development,* London: Oxford Univ. Press.

Gilbert, Alan and P. M. Ward

1985, *Housing, the State and the Poor,* N.Y.: Cambridge Univ. Press.

Gottdiener, M.

1985, *The Social Production of Urban Space,* Austin: University of Texas Press.

Gregory, D. and J. Urry (eds.)

1985, Social Relations and Spatial Structures, N.Y.: St. Martin's Press.

Gutkind, Peter, C. W.

1974, *Urban Anthropology,* N.Y: Barnes & Noble.

Hammersley, M. and P. Atkinson (eds.)

1983, Ethnography: Principles in Practice, London: Tavistock Publications.

Hammond, J. L. and B. Hammond

1966, *The Town Labourer,* London: Longmans.

Harloe, M. and Lebas (eds.)

1981, *City, Class and Capital,* London: Edward Arnold.

Harvey, David

1985, *The Urbanization of Capital: Studies in the History and Theory of Capitalist urbanization,* Baltimore.

1989, *The Urbanization of Capital,* Oxford: Basil Blackwell.

1989, *The Urban Experience,* Oxford: Basil Blackwell.

Lamarche, F.

1976, "Property Development and the Economic Foundations of the Urban Question," Pickvance, C. G.(ed.), *Urban Sociology: Critical Eassay,* London: Tavistock.

Leacock, E. B. (ed.)

1971, *The Culture of Poverty,* N.Y.: Simon and Schuster.

Lewis, Oscar

1959, *Five Families: Mexican case studies in the culture of poverty,* N.Y.:Basic Books.

1961, *The Children of Sanchez,* N.Y.: Random House.

1967, *Lavida: Puerto-Rican Family in Culture of Poverty,* N.Y.: Random House.

Lipitz.

1985, "A Marxist Approach to Urban Ground Rent," Ball, M, Bentivegna V., Edwards, M. and Folin, N.(ed.) *Land Rent, Housing and Urban planning: A European Perspective,* London and Sydney: Croom Helm.

Lloyd, P.

1973, "The Yoruba," Southall(ed.), *Urban Anthropology,* N.Y.: Oxford University Press.

1979, *Slums of Hope: Shantyown of the Third World,* Penguin Book.

1980, *The 'young town' of Lima: Aspects of Urbanization in Peru,* London: Cambridge Univ. Press.

Lomnitz, L. A.(trans. by Cinna Lomnitz)

1977, *Networks and Marginality: Life in a Mexican Shanytown,* N.Y.: Academic

Press.

Massey, Doreen

1985 (1984), *Spatial Divison of Labour,* London: Macmillan.

Mangin, W.

1973, "Sociology, Culture, and Political Characteristics of Some Urban Migrants in Peru," Southall(ed.), *Urban Anthropology,* N.Y.: Oxford University Press.

________(ed.)

1970, *Peasant in Cities,* Boston: Houghton Mifflin Co..

Maxk, K.

1967, *Capital I,* N.Y..

Parson, D.

1982, "The Development of Redevelopment: Public Housing and Urban Renewal in Los Angels", *IJURR,* Vol. 6.

Perlman, R.

1976, *The Myth of Marginality: Urban Poverty and Politics in Rio de Janeiro,* Berkrley: Univ. of California Press.

Pickvance, C. G.(ed.)

1976, *Urban Sociology: Critical Essay,* London: Tavistock.

Roberts, B.

1973, *Organizing Strangers: Poor Families in Guatemala City,* Austine: Univ. of Texas.

1979 (1978), *Cities of Peasant,* London: Sage.

Ross, M. H.

1973, *The Political Intergration of Urban Squatters,* Evanston: North-Western Univ. Press.

Safa, H. I.

1974, *The Urban Poor of Puerto Rico: A Study in Development and Inequality,* N.Y.: Holt, Rinehart & Winston.

Salaff, J. W.

1981, *Working Daughters of Hong Kong,* N.Y.: Cambridge Univ. Press.

Sharma, U.

1986, *Women's Work Class, and the Urban Household,* London: Tavistock Publications.

Southall, A.(ed.)

1973, *Urban Anthropology,* N.Y.: Oxford University Press.

Spradley, J. P.

1980, *Participant Observation,* N.Y.: Holt, Rinehart & Winston.

Szelenyi. I.

1983, *Urban Inequalities under State Socialism,* N.Y.: Oxford Univ. Press.

Pahl, R. E.

1978, May, "Castells and Collective Consumption", *Sociology,* Vol. 12, No. 2.

Urry, J.

1981, "Localities, Regions and Social Class", *IJURRC,* Vol. 5, pp. 455~474.

Valentine, Charles A.

1969, *Culture and Poverty,* Chicago: Univ. of Chicago Press.

Warner, W. L.(ed.)

1962, *Yankee City,* New Haven and London: Yale Univ. Press.

Wilkan, Unni

1980 (1976), *Life Among the Poor in Cairo, (trans) by Ann Hennig,* N.Y.: Tavistock.

부 록

1 빈민지역에서 현장연구의 어려움

연구의 시작은 연구목적에 적합한 재개발예정지구를 발견하는 것이었다. 연구대상지역으로는 전형적인 불량주기지역으로서 '재개발'이 확정되어 있을 뿐 아니라 우리의 연구기간 안에 이주까지 끝낼 수 있는 곳이어야 했다. 재개발 추진과정은 지역주민들간에 그리고 외부인을 포함한 조합원들간에 상충되는 이해관계 그리고 개발이윤을 창출하는 건설회사, 시 당국과의 관계가 복잡하게 얼켜 있기 때문에 재개발의 구체적인 일정을 파악하기가 쉽지 않았다. 특히 재개발이 추진되기 위해서는 기존 주민들의 가옥이 철거되어야 하는데, 주민의 반수 이상을 차지하는 세입자의 이주 보상관계의 처리가 가장 격렬한 대립, 갈등을 야기하는 변수였다. 엄밀한 의미에서 그러한 재개발사업 시행과 세입자에 대한 철거보상, 갈등이 노출되는 과정 자체가 우리연구의 분석대상이었다. 그러나 연구 기간을 그렇게 무한정 늘릴 수 없는 처지이기 때문에 문제가 심각하여 사업시행의 지체가 예상되는 지역을 선정하기는 불가능했다. 그렇다고 해서 이주가 일어나고 있는 지역을 선정하는 것도 재개발의 전후 관계를 파악하는 데 적합치 않았다. 결국 우리가 선정한 지역은 사당 4구역이었다. 이 지역은 1985년 서울시로부터 사업계획결정고시 및 건축심의안이 통과되어 1986년 12월에 철거될 예정이었다. 이 4지역에서도 진행이 비교적 순조로왔던 제2공구를 선택했다.

이러한 지역선정과정에서도 드러나듯이 도시빈민연구를 하는 연구자로서 한편에서는 뚜렷한 대안이 없이 강력한 행정력을 기반으로 추진되고 있는 재개발사업에 대한 우려를 하면서 이들을 관찰 분석하기 위하여 우리연구 기간동안 재개발과정의 갈등노출과 철거이주까지 이루어지기를 바라는 모순된 기대가 계속 우리들에게 심리적 압박감으로 작용했다. 더 구체적인 고민은 연구목적을 위하여 일정 기간 이 지역에 머물면서 가능한 한 도시빈민 생활 속에 들어가고자 했지만, 조사자가 방을 혼자 쓴다고 "부자라서 좋겠다"는 동네 아이들의 시선 속에서 정말 연구, 조사를 한다는 것이 이러한 빈민지역에서는 무엇을 의미하는지 확실한 대답을 얻을 수 없을 때 야기되었다.

연구는 선정된 지역에서 조사원들이 상주할 방을 찾는 데서부터 시작되었다. 예상했던 바와 같이 방을 얻는 과정은 간단했다. 대상지역의 골목들을 모두 다녀 본 후 관찰이 용이하다고 여겨지는 밀집지역의 가게집에 방 내놓은 집을 물어본 후 집주인과 흥정을 거쳐 결정했다. 방 구하는 사람의 개인적 배경을 꼼꼼히 물어보는 집주인도 없었다. 그저 구두로 정하고 복덕방에 가서 계약서를 쓰는 정도였다. 현실적으로 존재하는 성별 영역 분리를 염두에 두고 조사원은 남녀 대학원생 각 한 명씩이었다. 두 조사원의 방은 같은 공구에 있지만 다른 골목에 위치한 집에서 얻었다. 가능한 한 여러 가구가 살고 있는 집에서 약간은 개인생활을 할 수 있는 독립된 방을 택했는데 여학생인 경우 안전문제를 고려하여 너무 고립된 방은 피했다.

방을 얻어 들어가는 것은 실상 지역주민 누구나 채택하는 방식이다. 연구자들도 방을 얻음으로써 교두보를 확보한 셈이다. 아무도 알지 못한 상태에서 지역주민들의 생활 속으로 들어가 주민들의 경제 활동, 사회 활동을 설명해 주고 있는 자료를 직접 얻는다는 것이 매우 힘든 작업이었다. 여기서 채택한 전략은 공부하는 학생으로서 지역의 방값이 싸 이사온 것으로 했다. 그리고 방을 얻은 집의 세입자, 가옥주와 개인적인 면식을 얻은 다음에 그들의 친지, 이웃, 친구, 동료들로 조사원의 사회관계망을 확대해 갔다. 자료수집의 전과정은 매주 1~2회 연구 모임을 통하여 재조정되었다. 연구원의 방문은 전체 지역의 변화를 파악하고 조사원들의 생활기록을 검토하면서 필요하면 주민들과 대화를 하는 방식으로 이루어졌다.

조사원들이 지역주민들과 사회적 상호작용을 하는 것은 비교적 용이했다. 좁은 공간을 공유하고 있는 한 집의 세입자들끼리, 그리고 같은 골목을 왕래하고 인사하면서 이웃들과 친해지는 데는 오래 걸리지 않았다. 얼굴이 익어지면서 옆 방의 아주머니나 아저씨들로부터의 자연스러운 초대도 받게 되었다. 학생 심심할텐데 들어와 놀다 가라는 권유 또는 밥 한술이라도 먹으라는 친절 때문에 지역에 처음 적응은 힘들지 않았다. 이 과정에서 남녀 조사원간의 사회관계망의 형성의 차이가 처음 예상했던 것보다 컸다. 지역의 현실을 파악하고 주민들과 격의 없는 관계를 만들기 위해서 지역주민들이 베푸는 친절을 태연하게 받아야 하는데, 상대적으로 지역에 여성들이 많고 남성 조사원이 이들 여성들과 어울리기가 쉽지 않았다. 남녀조사원들은 주민들이 낮동안 몰려 있는 부업하는 집이나 가게 방에 가서 일도 도와주고, 잡담, 때로는 화투까지 함께 하곤 했는데 남자 조사원은 부인들과 자주 어울린다는 흉을 받았다. 부인들 자신도 젊은 남성과 이야기를 나누기를 꺼리는 경향이 있어 자연 지역 부인들과의 관계는 여성 조사원이 수집한 자료에 주로 의존할 수밖에 없었다. 남자 조사원은 건축, 고용관계, 일 나가지 못한 날 아저씨들과 근처 소주집에 가거나, 재개발추진위원회 사무실에 가서 공식적인 사업진행관계 자료들을 주로 수집하게 되었다.

이러한 '성별'에 따른 집중관찰 영역의 제한성에도 불구하고 조사원들은 지역사회에 큰 저항감 없이 받아들여져 갔다. 물론 이들의 관계가 방을 얻어간 집으로부터 출발하여 주변 이웃사람, 이들 주민들이 생활용품을 사는 구멍가게, 미장원, 쌀가게, 복덕방을 맴돌고 있는 제한점을 갖고 있지만, 이들 주민이 이용하고 발달시켜 온 모든 관계들을 면밀하게 관찰하고 질문함으로써 친소관계뿐 아니라 그 의미까지도 점차적으로 파악해 나갔다. 그러나 이러한 자료수집 과정은 단순히 조사원들이 연구원들의 지도 아래 자료들을 모으는 것만은 아니다. 이러한 자료의 성격은 이들이 조사 대상 지역주민들과 얼마나 성공적인 인간관계를 맺느냐에 상당 부분 영향을 받기 때문이다. 따라서 이러한 자료수집은 이 지역주민들이 누구인가뿐 아니라 조사원들이 어떻게 관계들을 만들어 가는가 하는 구체적인 과정도 중요하다. 즉 주민들이 보고 평가하는 조사원 스스로도 중요하게 간주되었다.

실제 전연구 기간을 통하여 조사자, 연구자들이 안고 있었던 문제는 어떻게 조사자료를 얻을 수 있겠느냐는 논의에서 나온 것이 아니라 이러한 지역에서 연구자의 입장이란 얼마나 제한되어 있는가 하는 문제였다. 주민들은 조사원들을 학생으로 취급했지만, 연구를 하는 대학원생이 무엇을 하는가를 설득력 있게 주민들에게 설명할 수는 없었다. 그들은 대학생이란 많이 배운 사람이기 때문에 동회일이나 은행일을 부탁할 수 있는 정도로 생각하지 그들과 함께 어울리면서 연구하는 사람이라고는 마지막까지 생각하지 않았다. 공부한다고 들어와서 허구한 날 동네 마실이나 다니면서 쓸데없이 소주집(남성 조사원인 경우)에 가 술이나 마시고 화투나 하질 않나, 미장원이나 가게집에 가 아주머니들과 떠드는(여성 조사원인 경우) 학생들을 충분히 이해하지 못하는 주민들이 있는 것은 너무 당연했다. 그 극단적인 예로는 간첩같다고 파출소에 신고까지 하는 주민들이 있었다(실제 전조사 기간 동안 3번 이상이나 그러한 신고가 들어가 조사원들이 진술서까지 썼었다).

연구수집과정에서 지역주민들의 일상생활 속으로 들어가 성공적으로 친근한 사람들을 많이 만들어 내는 것만큼 중요한 문제는 관찰의 단위와 범위를 어디까지로 하느냐는 문제였다. 비록 지역 안에 교두보를 만들어 주변을 각 조사원의 관찰 대상으로 삼았다고 할지라도 우연히 관찰된 현상들을 기반으로 어떻게 재개발지역의 일반적 현상으로 유추할 수 있겠느냐는 질문은 항상 연구원들 사이에서 제기되었다. 이러한 문제는 기존의 연구에서 제시되어진 것들의 의미를 모색하는 것으로 또한 주민들 사이에 일종의 묵시적 합의가 이루어진 통념들을 밝힐 수 있는 참여관찰 현장연구 방법론의 장점으로 극복될 수 있으리라고 기대되었다. 즉 통계적인 보편성보다 전형성을 찾으려는 기도이다. 이 전형성은 이론적으로 대부분의 주민들에게서 찾아볼 수 있다고 가정하는 것이다. 따라서 연구의 범위, 대상이 제한되어 있다 할지라도 적절하고 신뢰도가 높은 자료만 수집할 수 있으면 충분히 그 전형성을 구성할 수 있다고 믿고 시작했다.

이러한 목적을 위하여 몇 개의 심층 연구를 할 수 있는 가구들을 정했다. 이는 자칫하면 방만해지기 쉬운 관찰 내용을 비교가능한 특정 가구들로 집중시킴으로써 조사원들이 좀더 효과적인 자료수집을 하기 위한 것이었다. 심층면접대상 가구는 기존의 불량주거지 지역주민의 보편적 속성을 잘 대변해 주면서도 이번 연구의 주제인 '재개발이 지역주민에게 미치는 영향'을 관찰할 수 있는 조건을 갖춘 가구들 중에서 선정했다. 따라서 지역에서의 일정한 지위를 지닌 즉 이웃관계들을 맺고 사는, 적어도 사당지역에서 1년 이상 살고 있는 가구로서 직업, 연령, 가옥의 소유여부, 가구의 규모 및 구성상의 특징, 그리고 자산 및 수입 등에서 비교적 다양한 계층적 특징을 포함하도록 노력했다. 이 경우 사당지역의 일반적 사회 경제적 특징을 일부 참고했지만, 정확한 분포를 우리 심층면접대상에 반영시키기보다는 평면적으로 다른 사회경제적 특징을 각 가구 속에서 찾아내려고 했다.

그러나 심층면접 가구들을 선정하는 것이 관찰과 면접을 이 가구에만 집중한다는 의미는 아니다. 현실적으로 고립된 가구란 존재하기 힘들다. 여기서 일정한 가구들을 선정한다는 의미는 그러한 가구만을 관찰하다기보다는 그 중심 가구를 중심으로 지역과 그들의 사회 경제적 활동에 관한 자료들을 체계적으로 정리하겠다는 것이다. 따라서, 이 경우 조사원이 활동하고 접촉할 수 있는 지역적 사회적 한계 속에서 이들에게 더 집중적인 관심을 기울인다는 수준을 크게 벗어나지 않는다. 이 가구들에 대한 설명이나 이해는 그 가구의 가족원보다는 주변 이웃들과의 상호작용, 평가들을 복합적으로 고려하여 재구성되어지게 된다.

위와 같은 틀을 갖고 주민들 속에서 연구를 수행하는 데 봉착하는 문제점은 주민들의 이해관계 속에서 완전한 의미에서의 중립적 위치를 지키기가 매우 어려웠다는 점이다. 연구의 목적이 이들 주민들의 재개발과정에서의 적응이었기 때문에 조사자 스스로가 속한 세입자적인 위치를 견지하는 것은 자연스러웠지만 그들과 같은 세입자는 아니기 때문에 적극적으로 가담하는 것은 역시 불가능했다. 그래서 가옥주에게도 세입자에게도 속하지 못하면서 일상적인 갈등적 상황 속에 그대로 노출될 수밖에 없었다. 이러한 주변적 입장이

논리적으로는 객관적일 수 있었지만 역시 그 나름대로의 한계를 지닐 수밖에 없음을 절감할 수밖에 없었다.

2 서울시 불량주택지구 정비연혁

구분	방 법	시행년도	시 행 방 법	시행내용
시책사업	정착지 조성 이주	1955~1971	도심재해지역 및 공공시설 저촉 철거민을 6~30평 규모의 정착지를 조성 집단이주	20개 지구 43,509가구
	시민아파트 건립 이주	1969~1971	고지대 불량무허가건물 전면 철거 후 철거지역 주변에 서민아파트 건립 수용	19,071가구 건립
	광주대단지 조성 이주	1969~1970	도심 철거민을 집단으로 경기도 광주(현재 성남시)에 이주 정착	18,287가구 159,275명
	양성화사업	1969~1971	기존 무허가건물을 자력으로 개량(미화 단장)할 경우 합법건물로 인정	49개 지구 11,343동 계획
	현지개량사업	1972~1973	양성화사업을 새마을사업과 연계하여 서울시 지원으로 도로 확충	220개 지구 7,887동 계획
재개발사업	자력재개발	1974~1986	법령에 근거하여 재개발구역 지정 구획 정리기법에 의한 환지, 주민 자력건축	41개 구역 15,857가구 건립
	차관재개발	1976~1978	AID차관에 의한 존치개량방법으로 시행, 건축물 현황에 의한 환지로 철거 최소화	6개 구역 2,064동 개량
	위탁재개발	1979~1980	환지규모를 대형화하여 연립 및 아파트건립. 서울시가 직접 시공자 지정	15개 구역 2,677가구 건립
	주민자율시행	1981~1982	사업시행 억제. 기존 건축물 기능 회복 치중-개보수 허용	4개 지구 1,026가구 건립
	합동재개발	1983년 이후	주택건설사업자 참여에 의한 조합 시행	75개 지구 54,257가구 건립

자료 :「서울시 시정」, 1990.

3 심층연구대상 가구표

(1987년 2월 현재)

	세대주	직 업	연령	고 향	집소유	거주동기	거주 년수	방수	가구원의 경제참여 방법 및 가족실태	가족관계	의료보험 여 부
1	A	쌀가게	56	전라도	자가	이농할 때, 장사하러	10년	2	부인 : 가게일 도움, 큰아들 : 사무직공무원, 둘째 아들 : 대학 2 년, 막내 아들 : 군복무(전문대졸), 첫째·둘째 딸 : 출가	부인, 3남2녀	있 음 (큰아들)
2	B	기계운반가게	56	충청도	자가	싼방을 찾아	22년	2	부인 : 무직, 큰딸 : 가게일도움, 둘째 딸 : 다방종업원, 셋째 딸 : 다방종업원, 큰아들 : 고 2 년(운동선수), 작은 아들 : 중 1 년	부인, 2남3녀	없 음
3	C	무직 (건설노동, 목수)	54	서 울	자가	싼집 구입	19년	2	부인 : 생선노점, 큰딸 : 군포공장(동거中), 작은 딸 : 출판사대리점 경리, 막내딸 : 야간여상 1 년	부인, 3녀	있 음 (둘째 딸)
4	D부인 (여성 가구주)	파출부	66	함경도	월세	양동철거	23년	1	아들 : 건설노동(공구리), 며느리 : 이혼, 큰손자 : 중 2 년(운동선수), 큰손녀 : 국 5 년, 둘째 손자 : 국 2 년	아들, 손자3	생활보호 대 상 자
5	E	아파트경비	47	충청도	자가	싼집 구입	6년	2	부인 : 도배잡부, 큰아들 : 운전학원, 며느리 : 공장(휴직), 둘째 아들 : 야간공고 2 년, 막내 아들 : 중 2 년	부인, 3남, 며느리	있 음 (가구주)
6	F	건설잡일 (최근취로사업)	52	전라도	월세	사당 3동에서 철거로 이주	4년	1	부인 : 청소부, 큰아들 : 자살, 딸 : 만화가게점원, 막내 아들 : 중 1 년(신문배달)	부인, 2남1녀	생활보호 대 상 자

	세대주	직 업	연령	고 향	집소유	거주동기	거주년수	방수	가구원의 경제참여 방법 및 가족실태	가족관계	의료보험 여 부
7	G	집수리오야지	35	전라도	월세	방값이 싸서	6년	1	부인 : 파출부(부업), 아들 : 국 1 년, 딸 : 7세	부인, 1남2녀	없 음
8	H (여성 가구주)	청소부 (현재실직)	48	평안도	월세	싼집 구입	19년	1	남편 : 1985년에 병사, 큰딸 : 요꼬공장(10명), 큰아들 : 가게(3인)다니다가 군입대, 작은아들 : 주물공장, 막내딸 : 중 2 년	2남2녀	없 음
9	I	건설노동 (타일)	39	전라도	월세	싼방을 찾아	4년	1	부인 : 검도복 하청부업, 큰딸 : 국 2 년, 둘째 딸 : 7세, 외아들 : 6세	부인, 1남2녀	없 음
10	J	사무직	34	전라도	월세	사업실패	4년	1	부인 : 스웨터부업, 아들 : 국 1 년, 딸 : 6세	부인, 1남1녀	있 음 (가구주)
11	K	부인우유배달	35	경상도	월세	뚝섬철거	15년	1	큰아들 : 공고 2 년, 둘째 아들 : 중 2 년, 남편 : 1982년 알코올중독 병사	친정 아버지, 2남	생활보호 대 상 자
12	L 부 인	묵장사 (행상)	60	경상도	월세	둘째 남편 사후 빚보증 등으로 망하자 여동생 살던 동네 찾아	15년	1	친정어머니 : 부정기적 북어찢기 등으로 가계에 도움, 둘째 딸 : 동거남편 수감중 빚으로 호스티스, 아들 : 전문대, 큰딸·셋째 딸 : 출가, 남편1 : 병사, 남편2 : 병사	친정 어머니, 둘째 딸, 사위, 1남3녀	없 음
13	M	건설노동 (공구리)	28	전라도	전세	일자리를 찾아	3년	1	미혼 가구	미혼	없 음
14	N 부인	하청업	54	강원도	전세	하청업 위해	3년	2	남편1 : 이혼, 남편2 : 병사, 남편3 : 병사, 아들1 : 전문대졸(무직), 아들2 : 대학 3 년, 아들3 : 상고 2 년, 딸1·2 : 출가	3남2녀	없 음

	세대주	직 업	연령	고 향	집소유	거주동기	거주 년수	방수	가구원의 경제참여 방법 및 가족실태	가족관계	의료보험 여 부
15	O	건설노동 (잡역)	48	전라도	전세	구멍가게 차리기 위해	14년	1	부인 : 과자중간업, 아들 : 공고입학, 첫째 딸 : 중학입학, 둘째 딸 : 국교입학	부인, 1남2녀	없 음
16	P	시장잡일	48	전라도	자가	미혼시절 여동생집에 기거	18년	2	부인 : 시계행상, 아들 : 인문고, 딸 : 중학 2 년	부인, 1남1녀	없 음
17	Q	개인택시	43	경상도	자가	형네집 기거	19년	1	부인 : 미용실 큰아들 : 중 3 년, 작은 아들 : 국 6 년	부인, 2남	있 음 (가구주)
18	R	건설노동 (미장일)	40	서 울	월세	사당동내의 분가	21년	1	부인 : 호떡, 튀김장수, 첫째딸 : 국 3 년, 둘째 딸 : 국 2 년, 셋째 딸 : 국교입학, 넷째 딸 : 7세	부인, 4녀	없 음
19	S	청소부	41	서 울	월세	요꼬공장을 차리기 위해	10년	1	부인 : 가내부업(가죽자르기), 큰아들 : 국 3 년, 작은 아들 : 유치원	부인, 2남	있 음
20	T	대리석타일 (장기실업)	33	전라도	월세	친척이 있어 (처 고모네 사는 근처로)	7년	1	부인 : 식당종업원, 딸 : 3세, 아들 : 10개월	부인, 1남1녀	없 음
21	U	재단사	36	강원도	월세	처형 사는 근처	5년	1	부인 : 재단일 도움, 딸 : 국 3 년, 아들 : 국교입학	부인, 1남1녀	없 음
22	V	리어카행상 (양말)	29	전라도	월세	친척이 있어	14년	2	친정어머니 : 뇌수술로 비독립적, 부인, 아들 : 6개월, 첫째 남동생 : 가구주도움, 둘째 남동생 : 상고 2 년, 셋째 남동생 : 국교 6 년, 여동생 : 의류공장	친정 어머니, 남동생3, 여동생1, 회사	의료부조 대 상 자

【저자약력】

조 은

서울대학교 문리과대학 영문학과 졸업
Univ. of Hawaii대학원 졸업(사회학 석사 · 박사)
현 재: 동국대학교 사회학과 명예교수
논 문: 「한국사회에서의 성과 계급」, 「공간 · 계급 · 여성」,
「도시빈민가족과 여성」 외 다수

조옥라

서울대학교 문리과대학 고고인류학과 졸업
서울대학교 대학원, SUNY at Stony Brook대학원 졸업(인류학 박사)
현 재: 서강대학교 사회학과 명예교수
논 문: 「한국농촌 마을의 계층구성 관한 일고찰」,
「여성인류학적 시각에서 본 도시빈민지역운동」 외 다수

도시빈민의 삶과 공간

공저자 조 은 · 조옥라
펴낸이 성낙인
펴낸곳 서울대학교출판문화원

초판 1쇄 발행 1992년 1월 30일
초판 6쇄 발행 2018년 1월 30일
출판등록 제15-3호

주소 08826 서울 관악구 관악로 1
대표전화 02-880-5252 **팩스** 02-888-4148
홍보마케팅팀(주문상담) 02-889-4424, 02-880-7995
이메일 snubook@snu.ac.kr
홈페이지 www.snupress.com

ⓒ조 은 · 조옥라 1992

공저자와의 협의하에 인지는 생략합니다. 잘못된 책은 바꾸어 드립니다.
이 책의 무단 전재나 복제 행위는 저작권법 제98조에 따라 처벌받게 됩니다.

ISBN 978-89-521-1464-8 93330